どんな会社でも実践できる

完全残業ゼロの働き方改革

株式会社アクシア
米村 歩／上原 梓
YONEMURA SUSUMU　UEHARA AZUSA

はじめに

今日もまた終電帰り

とあるＩＴ企業に勤めるＡさん。

新卒で入社して、エンジニアとして7年目。仕事には慣れたし、できるだけ効率よく働けるようにと、社内システムを使ってタスク管理もしているけれど、毎日、次から次へと新しい仕事が降ってくる。まさにエンドレス。予定外の緊急対応が発生したり、同僚からのちょっとした依頼に対応したりしているうちに、今日もやっぱり終電帰り。何時にパソコンの電源を落としてオフィスを出れば終電に間に合うか、もう身体に染み付いてしまった。

今週末は、少しはゆっくりできるのだろうか。土曜日の午前中だけでも、ゆっくり寝てから出勤したいなあ。でも、あのプロジェクトが燃えているうちは、周りのメンバーもみんな毎日終電帰りで、休日も出勤しているのだから、自分だけゆっくりするわけにはいかないか。

人を増やしてくれたらいいのに。でも、会社の業績も厳しいようだし、そもそも人手不足で、採用したくてもできない状況らしいから、しばらく人は増えないだろう。隣のチームのメンバーが、また1人、体調不良で休職に入ってしまった。休職だと、新しく人を入れることも難しいだろうし、あのチームはこれからもっと厳しくなるだろうな。

「働き方改革」なんて言葉がニュースでよく出てくるようになって、うちの会社でも、トップが、「今期中に残業を20％削減する」とか、「柔軟なワークスタイルを取り入れる」とか言い始めた。でも、どうせ口だけだろう。実際には残業削減なんて無理。だって、仕事は減らないんだから。

今日のミーティングで伝えられた会社の新しい取り組み。20時にはオフィスを強制的に消灯しますって？　じゃあ、残った仕事は家でやるしかないか。

毎日残業があるのは当たり前、少しでも自分の時間があったらゆっくり寝たい。

一体、この状況が変わることはあるのだろうか。転職でもするか。でも、同じ業界だったら、きっと同じような働き方になるんだろうな。それなら、慣れた今の会社で働き続けるほうが、まだましか……。

会社を変えたくても変えられない

理想に燃えて、夢を持って、会社を立ち上げたBさん。オフィスを借りて、人を雇って、さあ、これから今までにない価値を世の中に提供できる、良い会社を作っていくぞ、と意気込んだはいいものの、会社はあっという間に完全なブラック企業に。

社内には、毎日遅くまで残業している社員たちの重苦しい不満とストレスが充満している。それを感じないほど鈍感ではないけれど、会社の業績を上げるには、仕事を受け続けるしかない。売上は社員の労働時間に比例して上がっていく。今新しく人を雇う余裕はないし、できれば来期くらいまでは、今の社員に何とかがんばってもらいたい。顧客はいろいろ無理難題を押し付けてくるが、少し無理な要求でも、一度断ってしまったら契約を切られかねない。だからやっぱり今日も、社員に残業してもらうしかない。

社員も、もう少し効率よく働く努力をしてくれたらいいのに。ほら、おしゃべりしたり、タバコ休憩したり、昼間は随分とのんびり仕事をしているじゃないか。でも、そんなことを社長の私が指摘したら雰囲気が悪くなるし、社員が皆そういう働き方をしたいなら、仕方がないか。

最近は「ワークライフバランス」とか「働き方改革」とかが、まるで流行語のようになっていて、世間の目も厳しくなっているし、知り合いの会社も労働基準監督署から是正勧告を受けたらしい。

そうでなくても、残業が平均100時間を超えている状態は、何とかしたい。みんなが働きすぎで疲れているし、そのせいで会社の雰囲気も悪くなっているような気がする。転職の口コミサイトには、「超ブラック企業」だと書かれてしまった。私は元々こんな会社を作りたかったわけではない。

でも、一体何から手をつければいいのだろう。問題がありすぎて、対処法がわからない。とりあえず、飲み会は毎月開催するようにしよう。社員のガス抜きにもなるし、そこで社員一人ひとりとできるだけコミュニケーションを取って、働き方改革のヒントでもつかめれば……。

あなたの会社では「残業ゼロ」はムリ？

この本は、Aさんのように、残業まみれの働き方から抜けられないけれど、何とかしたいと思っている人、そして、Bさんのように、自分の経営する会社や自分がリーダーを務める部署において、残業前提の働き方を変えたいと思っている人に向けて書いた本です。

２０１６年から、「働き方改革」というキーワードが、巷でよく聞かれるようになりました。政府でも、２０１６年8月に「働き方改革担当相」が新設され、首相・担当大臣を含む関係閣僚と有識者15人から構成される「働き方改革実現会議」が10回にわたって開かれました。そして、２０１７年3月には、そこでの議論をもとに「働き方改革実行計画」が決定されました。

この「働き方改革実行計画」の中では、「非正規雇用の処遇改善」、「賃金引上げと労働生産性向上」、「長時間労働の是正」、「柔軟な働き方がしやすい環境整備」、「女性・若者の人材育成など活躍しやすい環境整備」といった幅広いトピックにおける指針が示されています。

確かに、「働き方改革」については、様々な観点での取り組みがなされるべきなのは言うまでもありません。しかし、まず経営者側も労働者側も一緒になって取り組めることとして、「長時間労働の是正」があります。

実は「働き方改革」という言葉ができる何年も前から、「ワークライフバランス」という言葉が注目され、労働制度の改革や、労働生産性の改善などが求められてきました。しかし、ここに来て、長時間労働がとりわけ大きな問題になり始めたのは、２０１５年に電通の女性新入社員が過労を苦に自殺した、痛ましい事件の影響が大きいでしょう。

残業は減らしたほうがいい。そう思っている人は多いはずです。でも、それと同時に、「皆が残業を減らせるわけがない。少なくとも、うちの会社では無理。うちの部署では無理」と諦めてしまっている人も多いのではないでしょうか。


かつての私も、同じでした。

私が２００６年に立ち上げた株式会社アクシアでは、２０１２年10月から完全残業ゼロを実現しています。しかし、それまでは他の多くのＩＴ企業と同じように、長時間労働が常態化したブラック企業でした。毎日終電まで働き、休日出勤も当たり前。最悪な労働環境で、新しく人を採用しても次々に辞めていってしまい、常に採用広告を出さなければならないのでコストもかさみます。

社員からは不満の声があふれ、従業員が疲弊しきった状態で提供するサービスの品質もどうしても低くなってしまい、顧客からのクレームも珍しくない状態でした。

これだけひどい状況でしたから、もちろん私にも長時間労働への問題意識はありました。何とかしなければならないと、２００９年から様々な残業削減の取り組みにチャレンジしてきたのです。

しかし、思ったように残業削減の成果が上がることはありませんでした。新しい残業削減の取り組みを試してみては失敗の繰り返し……。何度も「残業削減はうちでは無理なのではないか」という思いに駆られました。

それでも、残業ゼロを達成できたのです。しかも、２０１２年10月1日、突然に。

おそらく、かつての私と同じように、「自分たちの会社や業界では残業を削減することは難しい」と考えている経営者は、かなり多いと思います。従業員の立場でも、自分の会社が残業削減を実現している姿をイメージできないという方は多いでしょう。

「売上を上げ続けるためには、労働時間を増やすしかない」「人を新しく雇えないのだから、今いる人数で何とか増え続ける仕事をカバーするしかない」「お客様が長時間労働しているのに、自分たちがしないわけにはいかない」など、長時間労働をやめられない理由は、あげればきりがありません。

でも、残業ゼロは決して絵空事ではありません。覚悟とやり方次第で、どこの会社でも、誰にでも、実現することができるものです。

アクシアも、終電、休日出勤が当たり前の残業まみれの会社でしたが、生まれ変わりました。今では従業員から「働きやすい会社だ」と感謝されます。しかも、生産性も向上し、売上も利益も伸びて、良い変化が起きています。

そうです。残業ゼロはどんな会社にも実現可能なのです。ただし、実現するために、やるべきことがあります。それは、仕事のやり方を変えること、トップが意思決定し、リーダーシップを発揮すること、そして、今までとは違う新しいマインドを持つことです。

本書では、アクシアがどのように残業ゼロを達成したのか、その道のりを詳しくお伝えします。そして、どんな会社にもできる、残業ゼロへのステップもまとめます。

これから、働き方改革、特に残業削減や残業ゼロを目指す方に、少しでも参考になれば幸いです。

米村 歩

第1章

覚悟とやり方次第で残業ゼロは実現できる

真正面から労働環境改善に取り組もう

決して抜けることのできない労働環境の悪循環

ＩＴ業界には**「デスマーチ」**という言葉があります。無理なスケジュールのプロジェクトを進めるために、社員は皆、長時間残業、休日出勤を繰り返すものの、プロジェクトの終わりは見えない。だから走り続けなければならない。そうした過酷な状況のことを、戦争の最中の「死の行軍」に例えて、「デスマーチ」と呼ぶのです。

デスマーチに陥っている会社では、職場の労働環境が劣悪な状態になっており、そこで働く人たちの体力も削られて疲弊してしまっています。労働者の仕事の質が低く、ミスが頻発し、手戻り作業や顧客のクレーム対応に追われ、そのことがますます長時間残業からの脱却を難しくします。

労働環境の悪化

⇩

従業員の体力・モチベーションの低下

⇩

仕事の品質の低下

⇩

ムダな作業の増加

⇩

労働環境の悪化

上の図のように、労働環境の悪循環は**決して抜けられない無限ループ**です。

アクシアも、残業ゼロを実現する前はこの無限ループから抜け出すことができずにいました。何とかしてこの無限ループから抜け出して残業時間を削減し、労働環境を改善したいと考えていましたが、どうしてもできませんでした。

なぜ、抜け出すことができなかったのでしょうか。

経営者も労働者も自分が悪いとは思っていない

そもそも労働環境悪化の無限ループが誕生してしまった原因は何なのでしょうか。もちろん、経営者側にも労働者側にも、それぞれに問題があることは間違いありません。しかし悪いことに、それぞれみんな、自分に問題があるとは全く思っていないのです。

経営者側は、たとえば「労働者がもっと意欲的に仕事に取り組んでくれたら効率が上がるのに」「労働者がもっと品質の高い仕事をしてくれれば無駄な作業が減るのに」というように、この無限ループは労働者に原因があると考えています。労働者側は労働者側で、自分たちのやる気が低いことや仕事の品質が低いことには目をつぶり、全ては労働環境が悪いことに原因があると考えています。心の中では「こんな劣悪な労働環境じゃ、やってられないよ……」と思っています。

こうなると、お互いに問題があるにもかかわらず、経営者も労働者も聞く耳持たず、という状態に陥ってしまいます。経営者側、労働者側それぞれに言い分があり、お互いの言い分には両方とも正しい部分があります。しかし、**お互いに文句を言い合っているだけでは何も解決しない**ことは明白です。どこかで労働環境を改善しなければ、この無限ループから抜け出すことはできません。

では、労働者として労働環境を改善するためにできることはあるのでしょうか。

労働者全員が高いモチベーションを持って仕事に取り組むようになり、仕事の品質が高まって無駄な作業が発生しなくなれば、当然のことながら労働環境悪化の無限ループからは抜け出せるでしょう。

しかし、その職場全ての労働者が、ある日突然高いモチベーションを持ち始め、仕事の品質を高めるなどということは、魔法でもかけない限りは不可能です。ある一人の労働者がやる気を出して品質改善の取り組みを始めたところで、結局他の人の尻拭いをすることになり、その一人だけが割を食うことになって、損した気分になるだけです。

このように、労働者側は、一人だけが変わっても意味がありません。労働環境を改善するためには、**職場の労働者の多くが一斉に変わる必要がある**のです。一斉に変わるためにはどうすればよいのかは、実は明確です。

経営者が変わればよいのです。そもそも労働者のモチベーションや自己変革に頼った経営は、まともな会社経営とは呼べないでしょう。経営者はいつまでも労働者に責任を押し付けず、自分がリーダーシップを発揮して変革を進めなくてはなりません。

確かに、「労働者にやる気があれば状況は良くなる」「労働者の仕事の品質が高ければ無駄な作業をなくせる」というのは正しいと思います。私も、かつてはそう思っていたのでよくわかります。しかし、私自身は、幸いにも、**「人のせいにしているうちは何も良くならない」**という当たり前のことに気付くことができました。問題の原因と責任を労働者に押し付けてしまっている自分が、経営者としてどれだけ無能だったかということにも気付いたのです。だから私は人のせいにすることはやめ、経営者として自分からアクションを起こして状況を変えていくことにしました。

小手先のテクニックは通用しない

自分からアクションを起こしていこうと考えるようになったのは良いのですが、実は最初のうちは的外れなことばかりしていて、全く効果が出ませんでした。労働環境悪化の無限ループから抜け出すために従業員のモチベーションを高めなくては、と考えた私は、会社の飲み会の数を増やしてみたり、面談の回数を増やしてみたりして、コミュニケーションの密度を高めようとしました。実は、これらはブラックな会社がよく行っていることです。飲み会や面談そのものが悪いわけではないのですが、労働環境が劣悪な中でそんなことをしても、ますます従業員の負担が増すだけで、下手すれば逆効果です。

結局、劣悪な労働環境を改善するためには、このような小手先のテクニックは一切通用しませんでした。

労働時間が長い職場では、産業医に診てもらうようにする施策を進めているところもあります。過労死を防止するという点ではある程度有効かもしれませんが、これだけで根本的に労働環境が改善されることはありませんし、従業員の不満が解決することもないのです。

労働環境悪化の無限ループを断ち切るアクションを起こす

今となっては極めてシンプルな話だとわかりますが、会社の状況を良くするために必要だったことは、飲み会や面談の場を増やすといった場当たり的な小手先のテクニックではありませんでした。本当に必要だったのは、**あれこれ言い訳せずに、とにかく労働環境を改善するアクションを起こすこと**でした。これに尽きます。

確かに、労働環境改善は簡単なことではありませんが、問題の本質はどう考えてもこの点にあるのです。問題の難易度が高いからという理由で、そこから逃げていたから、簡単に実施できる飲み会や面談の回数を増やすなどという愚策に走ってしまったのだと思います。

悲しいくらい当たり前のことですが、いくら問題の表面的な事象に対処しても、根っことなる部分にしっかり対処しない限りは、結局いつまでたってもその問題は解決しません。むしろ、**放置した分だけ、時間の経過とともにさらに悪化してしまう**こともあります。

今、自社の劣悪な労働環境を何とかしたいと苦しんでいる経営者やリーダーの皆様は、問題の本質から目を背けることなく、**真正面から労働環境改善というテーマに取り組むべき**だと思います。

元ブラック企業経営者として断言しますが、どれだけ社員との飲み会や面談の回数を増やしたところで1ミリも状況は良くなりません。多くの従業員が望んでいるのはそんなことではないのです。問題の本質を受け止めなければ、いつまでたっても労働環境を変えることはできません。あれこれ言い訳せずに、とにかく労働環境を改善するアクションを起こすしかないのです。

残業が多いと採用が厳しくなる時代がやってきた

今は時代の大きな転換期

経営者が一刻も早く腹をくくらなくてはならない現状は、データでも如実に表れています。２０１７年に、時代の転換点とも言うべき調査レポートが出たのです。

２０１７（平成29）年度 新入社員意識調査アンケート結果（三菱ＵＦＪリサーチ＆コンサルティング・回答者数１３２７名）から、３つのグラフを見ていただきたいと思います。まず下のグラフによると、新入社員が会社に望むこととして、「残業がない・休日が増える」が「給料が増える」を上回っています。これは時代の転換点を象徴するデータと言えます。

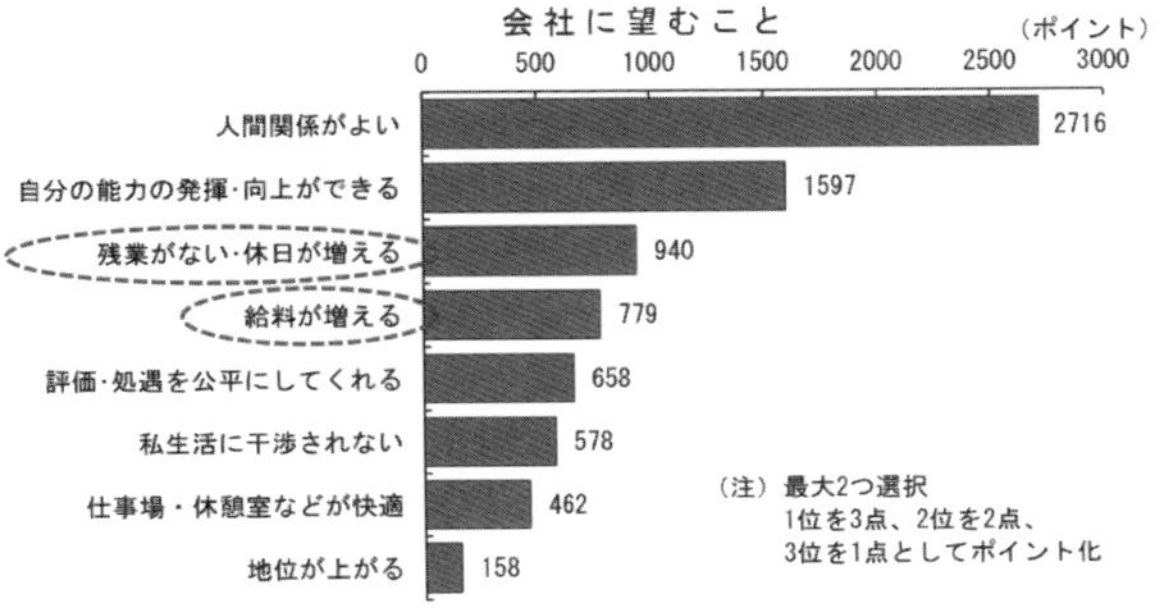

出典：２０１７（平成 29）年度 新入社員意識調査アンケート結果
（三菱ＵＦＪリサーチ＆コンサルティング）

なぜなら、下のグラフのように、今までも残業がない・休日が増えるという点を重視する傾向は年々高くなってきてはいたものの、これまでは給料が増えることを重視する人のほうが多かったわけです。それが２０１７年度になって初めて、「残業がない・休日が増える」ことを重視する人の割合が上回ったのです。

さらに、次の「残業に対する考え方」のグラフを見てみましょう。過去を振り返ると、たとえ残業が増えたとしても、給料が増えるほうがよい、という考え方が優勢だった時代がありました。しかし最近では、**給料は増えなくても残業がないほうがよい、**という考え方の人が増えてきていることがわかります。

会社に望むこと一「給料が増える」・「残業がない・休日が増える」

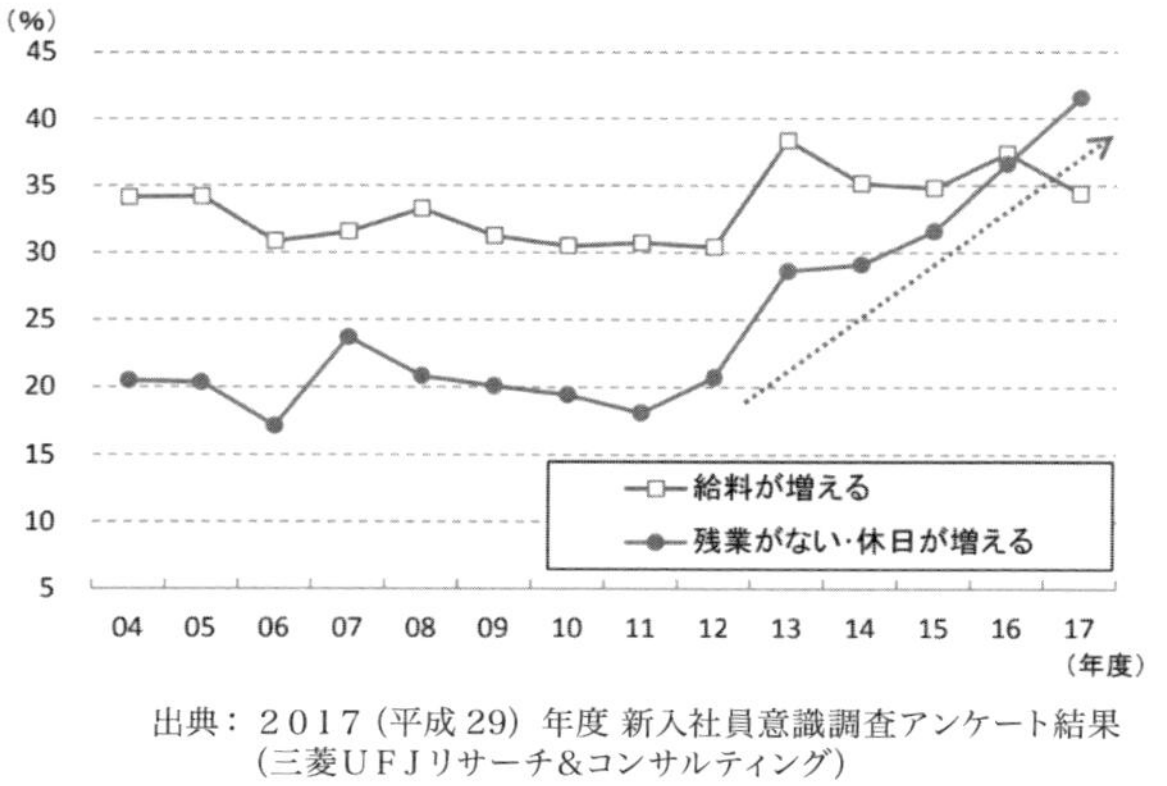

出典：２０１７（平成 29）年度 新入社員意識調査アンケート結果
（三菱ＵＦＪリサーチ＆コンサルティング）

世の中の空気から、**「残業は少なくしてプライベートを重視したい」**という傾向が強まっていることは、誰もがひしひしと感じていたわけですが、こうしてはっきりと数字に表れたことは、極めて重要なポイントです。

残業が多いと採用が厳しくなる時代の到来

年々プライベートを重視する傾向が強まってきたとはいえ、高い給料を重視する人の比率が大きかった時代には、**「優秀な人材を採用するために、高い給料を提示する」**という戦略は、データによって裏付けられていました。

しかし、時代は変わりました。高い給料よりも残業がないこと、休日が多いことを重視する人の比率

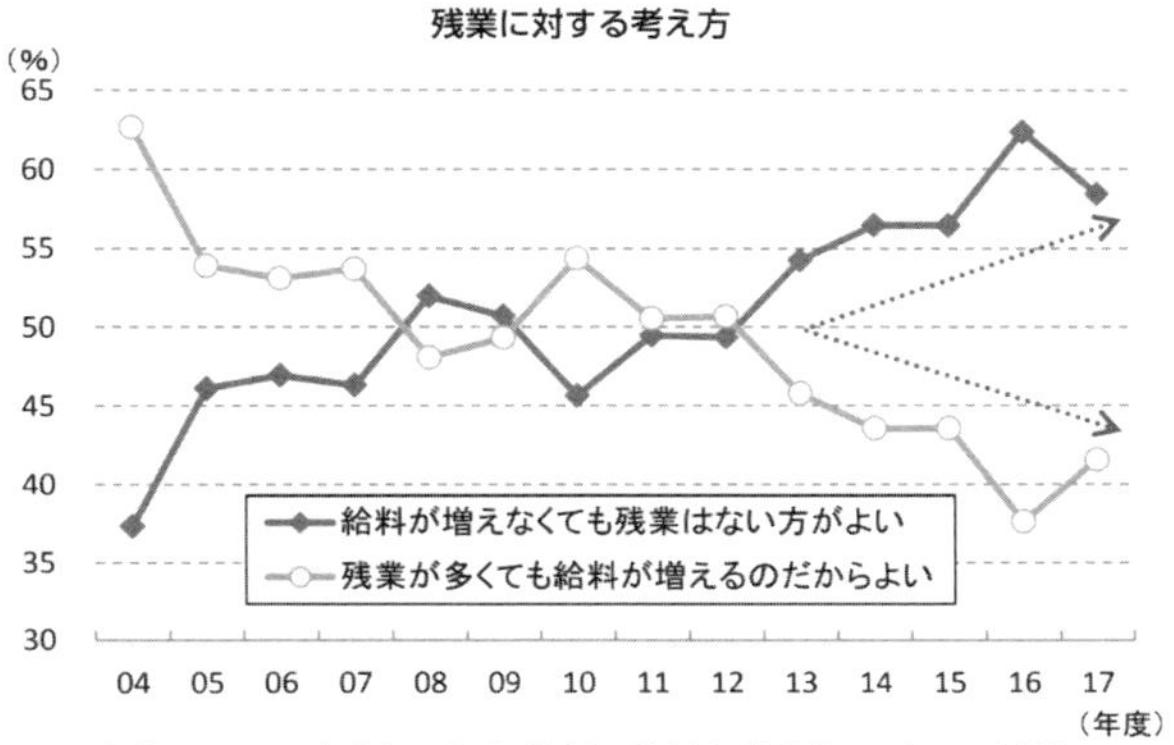

出典：２０１７（平成29）年度 新入社員意識調査アンケート結果
（三菱ＵＦＪリサーチ&コンサルティング）

が上回ったということは、これからは**給料が高くても残業や休日出勤が多い会社は採用が厳しくなる**ということです。しかも、この傾向は今後ますます強まっていくでしょう。

今までと同じ感覚で採用力強化の施策を考えていたら、うまくいかずにあっという間に時代に取り残されてしまうに違いありません。

今までは、給料を高く設定しさえすれば、優秀な人材をそれなりに集めることができました。しかし今後は、給料よりも残業が少ないこと、休日が多いことを重視する人がますます多くなるわけですから、給料を高くするだけでは通用しなくなっていくのです。**採用力を強化し、優秀な人材を集めるためには、残業を削減しなければならない時代**となったのです。

さらに、これからはどんどん労働人口が減っていく時代でもあります。詳しくは後述しますが、このままいくと、**2065年には今より3000万人以上労働人口が減ってしまう**と推計されています。

このような時代の流れからも、残業を削減して多様な働き方を実現できる会社にしないと、将来的には働き手がいなくなり、人手不足に陥ってしまうでしょう。介護・子育てなどの理由でフルタイム以外の働き方が必要な人も働き続けられるようにしていく必要があるのです。

残業が少ないことを重視する人がどんどん増えていること、残業を削減して多様な働き方を実現し、やがては減少していく人材を確保する必要があることから、企業が成長するための一つの道筋として、次のような好循環を目指すべきではないでしょうか。

1. 残業を削減して労働環境を改善する
2. 労働環境改善によって採用力が強化される
3. 採用力が強化され優秀な人材が集まる
4. 優秀な人材により売上・利益がアップする

これからは、残業を削減しないと、優秀な人材が集まりにくくなります。労働人口が減少していく中、採用力の低下は企業にとって死活問題となります。

「残業ゼロ」はこれからの会社の経営戦略

残業が減ると、社員のワークライフバランスが良くなり、従業員にとって満足度が上がる、というところが一番のメリットだと思っている人も多いと思います。では、残業削減は、従業員満足度を上げるためだけの施策なのでしょうか。会社全体や経営者から見れば、残業を削減することは、業績を差し置いて従業員満足度を重視することになるのでしょうか。

いいえ、違います。残業を減らすこと、さらに言えば残業ゼロにすることは、会社にとっても、**これからの社会で生き残るための経営戦略の一つ**なのです。

実は私も、実際にアクシアで残業ゼロを達成するまでは、その効果は「従業員たちの不平不満がなくなる」くらいだろうと思っていました。むしろ、「残業できなくなる分、下がるであろう売上をどう補填《ほてん》するのか」、「時間外の仕事ができなくなることに対してクライアントがどう反応するだろうか」、などの不安でいっぱいだったのです。

しかし、意外なことに、残業ゼロは、まさに「特効薬」と言えるほど、会社に対して想定外の素晴らしい効果をもたらしたのです。ここからは、その効果をご紹介します。

「残業削減」をまるで会社側から従業員に対するサービスであるかのように考えている経営者や管理職の方がいれば、ぜひ読んでいただきたいと思います。

●効果１：売上・利益が伸びた

労働時間が物理的に減るわけですから、当然売上は落ちると思っていました。しかし実際には、売上・利益ともに伸びました。従業員が体力の限界まで残業していた２０１２年9月に対して、２０１２年10月の**売上はなんと27％も伸びた**のです。これは全くの予想外の出来事でした。

後ほど詳しく述べますが、２０１２年10月1日に突然残業をゼロにできたのは、それまで業務効率化のために、様々な取り組みをしてきたからでもあります。売上が伸びたのも、それまでの様々な取り組みが、かなり良い形で残業ゼロと結びついた結果でした。逆に、残業まみれの疲弊した状態がいかに非効率だったのか、ということも、これでわかりました。

また、残業ゼロにする前の営業利益率はずっと10％を下回っていたのですが、残業ゼロにしてからは**営業利益率が10％を超えるようになり**ました。これも詳しくは後述しますが、残業ゼロの効果によるものでした。

●効果2：品質が向上した

残業ゼロを始めてから、構築するシステムの品質が、日を追うごとに良くなっていきました。冷静に考えれば、心身ともに元気な状態で仕事をするのと、残業まみれで朦朧《もうろう》とした中で仕事をするのとでは、品質に差が生まれて当然なのです。人間は、朝起きてから12〜13時間程度しか集中力を維持することはできないと言います。深夜まで残業をしていたブラック時代には、ほぼ泥酔状態でシステムを構築し続けていたようなものです。構築するシステムの品質が向上すれば、不具合を修正するなどの作業に追われることが少なくなりますし、お客様の満足度も高くなります。より生産性が上がり、良いことずくめです。

ブラック時代の売上構成は、新規顧客4割、既存顧客からのリピート受注4割、保守2割でした。当時は品質も悪く、せっかく新規顧客から受注しても、既存顧客からのリピート受注を確保することができず、また新規の顧客を増やさなければならない、という非常に不安定な状態でした。しかし、今では既存顧客からのリピート受注や保守の割合が増え、新規顧客1割、既存顧客5割、保守4割という比率に変わりました。

リピート受注が増えたのは、品質が上がり、顧客満足度が上がった成果でしょう。

●効果３：優秀な女性従業員が急増

残業ゼロを敢行して1年経つと、**女性従業員の数が４倍以上に**なりました。現在では過半数が女性スタッフです。特に、子育て中の女性が急激に増えました。統計データがあるわけではないのですが、体感的・経験的に、一般的なシステム開発会社の女性比率は1割～2割程度だと思います。ところが、アクシアの場合は半分が女性で、さらにそのうち半分は子育て中の女性なのです。独身時代はバリバリとＩＴ業界で働いてスキルも積んだのに、出産後に復帰したくても、残業まみれのＩＴ業界では子育てと仕事の両立はほぼ不可能……。そんな女性たちがたくさんいるはずです。そして、そうした女性たちにとって、数少ない受け皿となっている会社の一つが、アクシアなのでしょう。結果、働きたくても働けなかった、即戦力となる優秀な経験者をたくさん抱えることができました。これは、残業ゼロにした時には考えてもみなかった、嬉しい効果でした。

●効果４：優秀な人材を確保しやすくなった

経験者の優秀な女性たちだけではありません。前述のように、今の時代、バリバリ働くよりも自分の時間を大切にしたい、というタイプの若者が多くなってきています。こうした時代の流れに、残業ゼロはまさにピッタリはまります。アクシアでも、「残業ゼロ」というフレーズに惹かれた優秀な若者たちが集まるようになり、就職後の社員の定着率も上がっています。学生時代にアルバイトとして働き、別の企業に就職した後に「やっぱりアクシアで」と戻ってくる社員もいるほどです。

また、多数の企業が人材不足で悩む中、東大や早慶など名だたる大学の学生や卒業生たちから、ひっきりなしに求人の問い合わせが来るようになったのです。人材会社の人などに聞くと、アクシアのような小さな会社がこういった人材を採用できることは滅多にないそうで、これも残業ゼロの効果に違いありません。

●効果5：社員の意識がプラスに変化

当初は「教育さえすれば誰でも優秀な人材になれる」と信じて会社を立ち上げたのですが、会社はすぐにブラック化。社員が勉強する暇もなくなってしまい、品質も下がり、という悪循環に悩みました。しかし、残業ゼロにした結果、なんと**社員が自主的に勉強するようになった**のです。ある社員は、業務効率化のために、ルーティン・ワークをエンターボタン一つで自動的に流し込めるシステムを自作してみたり、別の社員は次の仕事で使うと予測されるツールについて調べたりと、本当に向上心を持って自主的に勉強をするようになりました。中には勉強のほうが面白くなってしまい、一度休職して大学院に入り直すと言い出す社員まで現れました。

このように、自主的に勉強する姿勢が次の仕事の効率をさらに上げ、ひいては生産性も上がるという、ブラック時代とは正反対の好循環を生み出したのです。

● 効果６：人の問題で悩むことがなくなった

長時間残業が当たり前だった頃には、経営者として何かと人の問題で悩むことが多くありました。やはり労務管理の上で問題だらけでしたので、従業員の不満も大きく、いつか大きな問題が起きるのではないかと常に悩んでいたものでした。その頃に比べて、残業ゼロで労働環境が改善されてからは、人の問題で悩むことが全くと言っていいほどなくなりました。たまに不満を持って問題を起こすような従業員がいても、会社としては一点の曇りもない労働環境を提供しているので、後ろめたいことが一切なく堂々と対応することができています。

● 効果７：ホワイト企業アワード受賞

２０１７年３月にアクシアは**ホワイト企業アワード**という名誉ある賞を受賞することができ

ました。２０１２年まで残業まみれの典型的なブラック企業であった会社が、ホワイト企業として認定されるまで劇的に生まれ変わることができました。

今となっては恥ずかしい限りですが、アクシアは誰がどう見ても間違いなくブラック企業だったわけで、今IT業界でもがいている多くの企業と何も変わるところはありませんでした。そんなアクシアでも、ブラック企業からホワイト企業に生まれ変わることができたわけですから、他のIT企業も覚悟とやり方次第では今からでも生まれ変わることのできる可能性は十分にある、ということです。

詳しくは後述しますが、アクシアが変わることができたのは、ある従業員から退職希望を突きつけられたからでした。IT業界で働くエンジニアの方々は、もし今働いている会社がブラック企業なのであれば、その会社に退職届を突きつけ**「NO!」と意思表示すること**が、ブラック企業やIT業界を変えていくきっかけになるかもしれません。

これまで述べてきたような数々の効果は、まさに私が会社設立時に思い描いていた夢の形でした。今、私は確信しています。残業ゼロは会社の経営戦略です。

残業ゼロは、もちろん社員のためにやるべきものであることは間違いありません。しかし、「残業のない、暮らしやすい社会を作ろう」などという、きれいごとのみでやるものでもないのです。残業をゼロにすることで、良い人材が集まり、社員の生産性が上がり、売上も上がる。まさに**会社と社員とがＷＩＮ－ＷＩＮの関係**になります。これこそ、最強の経営戦略なのです。

いかがでしょうか。残業ゼロへの道のりは決して簡単だとは言いませんが、達成することができれば企業にとっても様々なメリットがあります。実現に向けて取り組むだけの価値は十分にあるのではないでしょうか。

アクシアでは、残業ゼロによって良い変化がたくさん起こり、様々な問題が解決したわけですが、この後、アクシアがどのように残業ゼロを達成したのか、その経緯や、それを実現するまでの様々な取り組みについて、余すところなくお伝えしていきます。

ぜひみなさんの会社でも残業削減を実現していただき、アクシアで行ってきた残業ゼロへの取り組みを他の企業にも広めていくことができれば、大変嬉しく思います。

さあ、あなたもブラックからホワイトへの道を歩みだそうではありませんか。

第2章

社畜から
ホワイト企業アワード受賞まで

第1章で、残業ゼロの必要性やメリットを紹介してきましたが、「そうは言っても、うちの会社では無理」「残業ゼロなんてできるわけない」という気持ちがまだ拭えないかもしれません。私もかつては、「やはり残業を減らすなんて無理かもしれない」と思い悩んでいた時期があるので、その気持ちはよくわかります。

しかし、アクシアは残業ゼロを実現しました。残業ゼロに至るまでに一体何があったのか。ここからは少しさかのぼって、私自身が新卒で就職して「スーパー社畜」となった時の話から始めたいと思います。社畜時代から、アクシア設立を経て、残業ゼロを敢行し、ホワイト企業アワードを受賞するまで、どのような道のりをたどってきたのかを、詳しくお伝えします。

スーパー社畜の誕生

定時にタイムカードを切ってからも働かされる新人研修

大学卒業後、私はすぐに中堅のシステム会社に入社しました。内定は5社からもらっており、その中には上場企業も2社あったのですが、早くスキルを身に付けて30歳で起業したい、という想いがあった私は、内定をもらった中で一番小さな会社を選んだのです。そのほうが、様々な実務を早く経験できるだろうと考えたからでした。

やる気を持って入社した私を待っていたのは、絵に描いたようなブラック企業ライフ。まず手始めに、課題が山のように積まれた3ヶ月の新入社員研修に突入しました。

一口に「課題」と言っても、その量が新入社員にとっては明らかに不適切な膨大なもの。難易度もかなり高く、残業はもちろん、時には会社に泊まり込みをして取り組まないと決して終わらないように設定されていたのです。

しかも、定時になるとタイムカードを切らされます。「お前らはまだ研修中で売上が全くないんだから、タイムカード切れ！」という理屈で。また、慣れないハードワークに疲れ切った私たち新人は、つい業務中ウトウトしてしまうのですが、目ざとい上司に見つかってしまい、すぐに「何寝てるんだ！」と怒鳴られる日々が続きました。

こうして、3ヶ月の研修が終わった時には、15人いたはずの同期は10人にまで減ってしまったのです。

起きている時間は全て仕事しかできない

そんな3ヶ月の研修に生き残った私は、システム開発の基礎技術とともに、早くも残業や徹夜に特に疑問を抱かない立派な**社畜の魂**を得てしまいました。「就職活動の面接でも残業が多いと言われていたし、本当に言われていた通りだったな」と、自分が置かれた環境がブラックであることにすら気付いていませんでした。**1ヶ月200～300時間の残業**は当たり前。36時間連続勤務も難なくこなし、さらに、帰宅後にはスキルアップのために資格試験の勉強をやらなくてはなりません。

泊まり込みでの作業が突然発生することも珍しくなく、着替えも何も持ってきていないのでちょっと臭くなってしまう人もいました。打ち合わせ終了後に「ご近所銭湯マップ」が配布されると、「おお！至れり尽くせり！」と歓声が上がったものです。

終電で帰れたとしても、油断はできません。夜中でも、仕事の電話がたくさんかかってきます。時には電話で「何勝手に帰ってるんだよ。タクシーで戻って仕事しろ」とまで言われることもありました。起きている時間は全て、仕事に費やす日々。食べることにしか喜びを見いだせなくなってしまい、昼食からステーキ、焼肉、鍋などを同僚とドカ食いしてストレスを解消していました。今思えば、非効率の極みでした。

昼食に焼肉や鍋を食べに行って、オフィスに1時間以内に帰って来られるわけがありません。しかし、他に楽しみがない分、「これくらいさせて」という思いで、のんびり食事休憩を取っていました。深夜の場合も同じです。さすがに私はやったことはないのですが、同僚の中には、終電がなくなるまでコーヒーを飲みながら、だらだらと過ごし、あえてタクシーで帰るような強者もいました。

「集中して仕事を終わらせて早く帰ったら？」と、客観的に見ると思うのですが、当事者たちにとってはそうはいきません。なぜなら、社畜とはそういう生き物だからです。「何かがおかしい」と疑問を抱くようなこともなく、**会社のために、周囲と同じようにひたすら働くのみ**なのです。

10人に1人が病院送り

もちろん、過労で同僚がバタバタと倒れていきます。あるいは心の病を発症してしまう人も少なくありませんでした。ＩＴ業界の中でもその会社の過酷さは際立っていたようで、「あの会社に人を派遣するのは危険だ。10人に1人は病院送りにされる」などとささやかれていたことを、退社後に知りました。

実は、私の身体にも異変が起きていました。突然、心臓が異様にバクバクと激しい動悸を繰り返すようになっていたのです。しかし、当時の私は、なぜか「携帯を左胸のポケットに入れているから、その電磁波の影響かもしれない」と考え、携帯を胸ポケットに入れるのをやめるという、何とも奇妙な対処法で乗り切ろうとしたのです。さらに血尿まで出てきたのですが、「そのうち治まるだろう」と放置していました。幸いなことに、どちらも大事には至らなかったのですが、身体に限界が迫っていることに私は全く気付きませんでした。

まだ若かった私にとっては、過労という言葉は全く身近ではなかったのです。明らかに過労を感じるはずの状況にいながら、「まだ20代前半の自分には関係のない出来事だ」と思いこんでいました。「サッカーのほうがはるかに疲れるし」などと、過労と肉体的疲労の違いもわからない状態で働き続けていました。むしろそんな自分に酔い、非常識・非効率な徹夜作業での苦労話を自慢げに語ってしまうことすらあったのです。いつの間にか私は、身体が悲鳴をあげているのに心が元気なので気付かない、という、ブラック企業側から見ると最高に都合の良い**「スーパー社畜」**に仕上がっていたのです。

入社２年で独立を決意

社畜とは言え、会社に不満がなかったわけではありません。しかし、私の不満はおかしな方向へ向かっていました。たとえば、タバコを1本吸うたびに喫煙室から帰ってこない同僚や、朝の会議に遅刻してくる同僚に対しては、大変な苛立ちを覚えました。いま思えば「長時間労働のせいでストレスがたまっているからタバコを吸うことになるし、疲れがたまって朝起きることができないので遅刻してしまう」ということがわかるのですが、当時の私にはそうは思えませんでした。

「俺はこんなに働いているのに、サボる奴らがいる」「タバコも吸わず、遅刻もしないで馬車馬のように働いている自分を、上司が正当に評価してくれない」と不満を募らせていました。

そんな折、部下に対していつもイジメとも思える態度を取る上司のプロジェクトに配属されます。体調を崩した部下には「病院行って、注射打って動けるようになって戻ってきて」と言う。自分のデスクをオフィスの出口付近に配置し、早めに帰ろうとする部下を「え？　帰るの？」といちいち引き止める。「父が危篤です」と相談した部下を引き止め続け、結局その部下は親の死に目に間に合わなかったという悲惨な出来事もありました。

このような、人間的に何かが欠落したとしか思えない上司が、この会社ではあろうことか「仕事ができる」と評価される側だったのです。そんな現実を見て、私は独立を決意します。

まるで人身売買？ フリーランスの落とし穴

フリーランスのエンジニアを待つグレーな世界

「もっと自分の仕事を純粋に評価してくれる会社に移りたい」と思った私は、2年で最初の会社を退社。同じシステム系の職種で中途採用の面接を受け始めます。そんな中で、面接官に急にこのように聞かれたのです。

「あなたは、フリーランスのエンジニアになる気はないの？」

会社の社員募集に応じて面接に行ったはずなのに、なぜ急に、面接官にフリーランスを勧められるのか。不思議に思いつつも、もともと実力できちんと評価されたいと思っていた私は、誘われるがままにフリーランスになることを決意しました。

こうしてフリーランスとなった私を、今度はＩＴ業界全体に渦巻いている、**「限りなく黒に近いグレー」**と言われる体制が待ち受けていました。

フリーランスとしてA社に面接に行ったはずが、面接の場にはA社の人と一緒に、なぜかB社の人も待っていました。そしてB社の人に、すぐに別の場所へ連れて行かれたのです。そこに待っていたのはC社の人。最終的に私は、A社の発注を請けたにもかかわらず、実際にはC社に常駐して働くことになりました。

そう、いつの間にか私は、**多重下請**の輪の中に放り込まれたのです。

ＩＴ業界の深い闇・多重下請構造

一般的に、「フリーランス」という響きには、いろいろなクライアントから自分ができる範囲の仕事を複数請けて、スキルを存分に活かして稼げる人、というイメージがあると思うのですが、ＩＴ業界の多重下請の世界では違います。多重下請とは、クライアントから直接仕事の発注を受けたA社（元請）が、請けた仕事の一部をB社に下ろし、B社もまた請けた仕事の一部をC社に下ろすという構造のことを指します。中にはD社、E社……と5～6社下にまで下りていくこともあると言います。このピラミッドの下のほうの会社にかき集められる人材の中に、フリーランスのエンジニアも存在するのです。この多重下請構造には、実はIT業界の闇の深さを感じる多くの問題が潜んでいます。まずはその構造的な特徴から見ていきましょう。

●多重下請構造

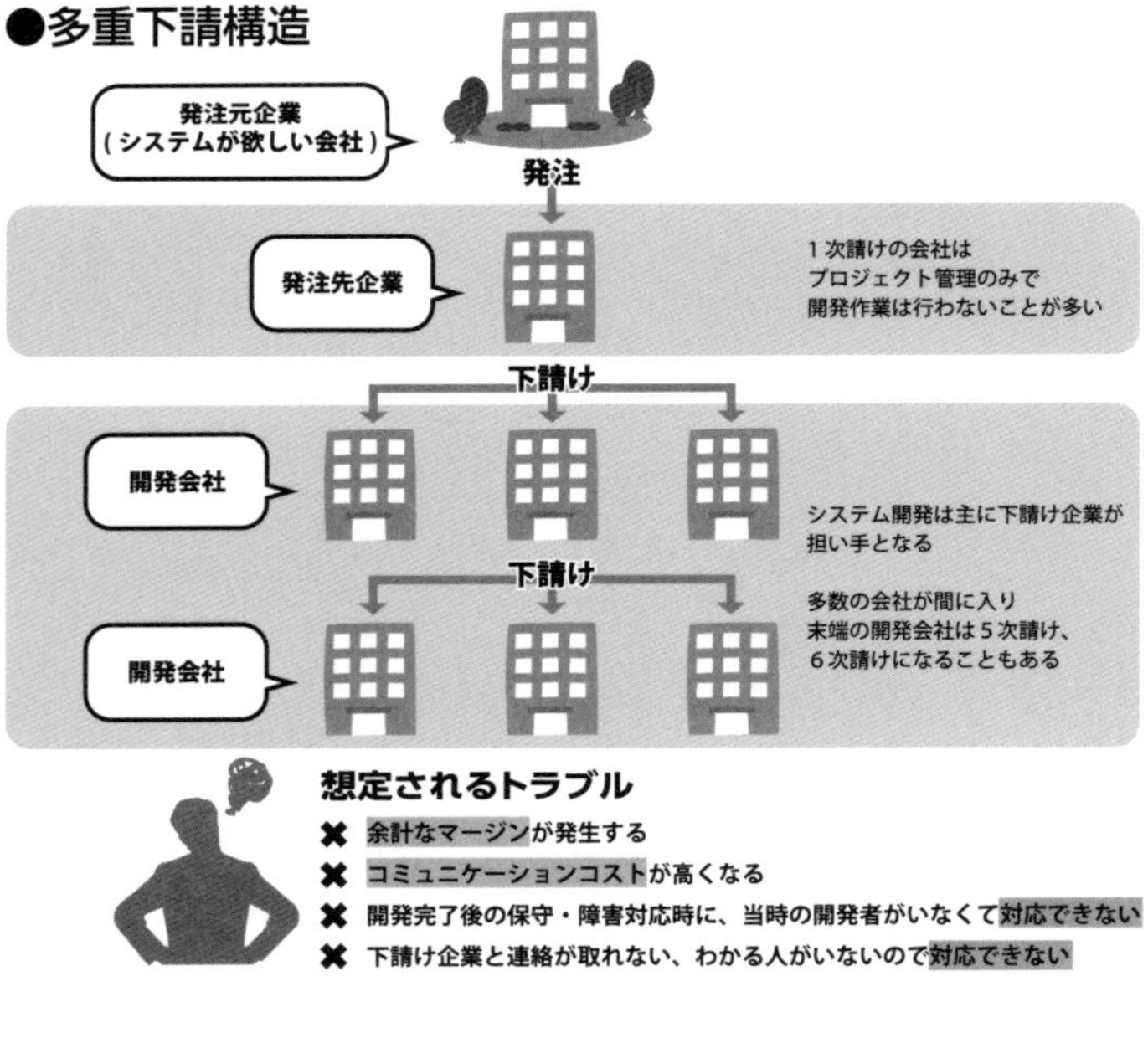
発注元企業
（システムが欲しい会社）
発注
発注先企業
1次請けの会社は
プロジェクト管理のみで
開発作業は行わないことが多い
下請け
開発会社
システム開発は主に下請け企業が
担い手となる
下請け
多数の会社が間に入り
末端の開発会社は5次請け、
6次請けになることもある
開発会社
想定されるトラブル
✖ 余計なマージンが発生する
✖ コミュニケーションコストが高くなる
✖ 開発完了後の保守・障害対応時に、当時の開発者がいなくて対応できない
✖ 下請け企業と連絡が取れない、わかる人がいないので対応できない

●多重下請構造の特徴その１．常駐開発

システム開発を行っていると謳っている会社の多くが、**常駐開発**を行っています。常駐開発とは、自社内で開発を行うのではなく、クライアント先に社員を派遣し、派遣先で開発を行うことを指します。最近ではＳＥＳ（システムエンジニアリングサービス）とも呼ばれているようです。

「それって派遣会社じゃないの？」と思う方も多いかもしれませんが、少なくとも形式上はほとんどの会社が派遣会社ではありません。しかし、実質的にはただの派遣会社である場合も多いのです。そのような会社の多くは、自社の従業員だけでなく、別の会社の従業員やフリーランスの人をかき集めてきてクライアント先に派遣することもあります。

●多重下請構造の特徴その２．人月商売

ソフトウェア開発においては、作業のボリュームを算出するのに**「人月（にんげつ）」**という単位がよく使われます。人月とは、「１人のエンジニアが１ヶ月で作業できる仕事量」のことです。作業の工数を見積もること自体はプロジェクトを適切にマネジメントするために必要なことです。しかし、人月という単位を基準にすると、「人によって１ヶ月の作業量は違うの

では？」という当然の疑問が出てきます。また、「同じ仕事でも、ひょっとして仕事が遅い人のほうが売上を上げることに貢献してしまうのでは？」という疑問も出てくるのです。なぜなら人月で見積もりをしているシステム会社での売上は、**売上＝人月×人月単価**という計算になりますので、仕事に時間をかければかけるほど（人月が増えれば増えるほど）売上が上がってしまうという事態が想定されるのです。

クライアントがどこのシステム会社に発注するかを検討する時には、当然のことながら費用の比較を行うわけですが、その基準にしばしば人月単価が使われます。単に人月単価が高い・安いで比較されてしまうと、人月単価だけ安く設定しておいて、人月のほうを積み増しするというようなことも容易にできてしまうのです。このような子どもだましとも言えないような馬鹿げたことが、ＩＴ業界の常駐開発ビジネスでは当たり前のように繰り広げられているのです。

構造を説明しただけで、すでに問題が噴出している気配しかない多重下請構造。この構造が長時間残業を生んでいるとも言えます。多重下請構造の問題点を見てみましょう。

●問題点その１．常駐先で指揮命令を受けることになる

社員を派遣し、派遣先の企業の人がその労働者に指揮命令を行うためには、契約内容が派遣契約である必要があります。しかし、ＩＴ業界の多重下請構造においては、派遣契約が結ばれずに、派遣先に常駐することがほとんどです。それでいて、派遣先のクライアント内では、まるでその派遣先の従業員であるかのようにプロジェクトの作業指示や残業・休日出勤の要請が行われていることがあります。

これは、**「偽装請負」**と呼ばれる違法行為です。ＩＴ業界ではグレーゾーンなどと言ってごまかしたりしていますが、グレーではなく真っ黒であり、立派な違法行為です。派遣契約ではない場合、本来であれば、その社員が所属する企業に指揮命令をする権限があり、労務管理などを行う義務があるのですが、その責任の所在が曖昧になっているのです。

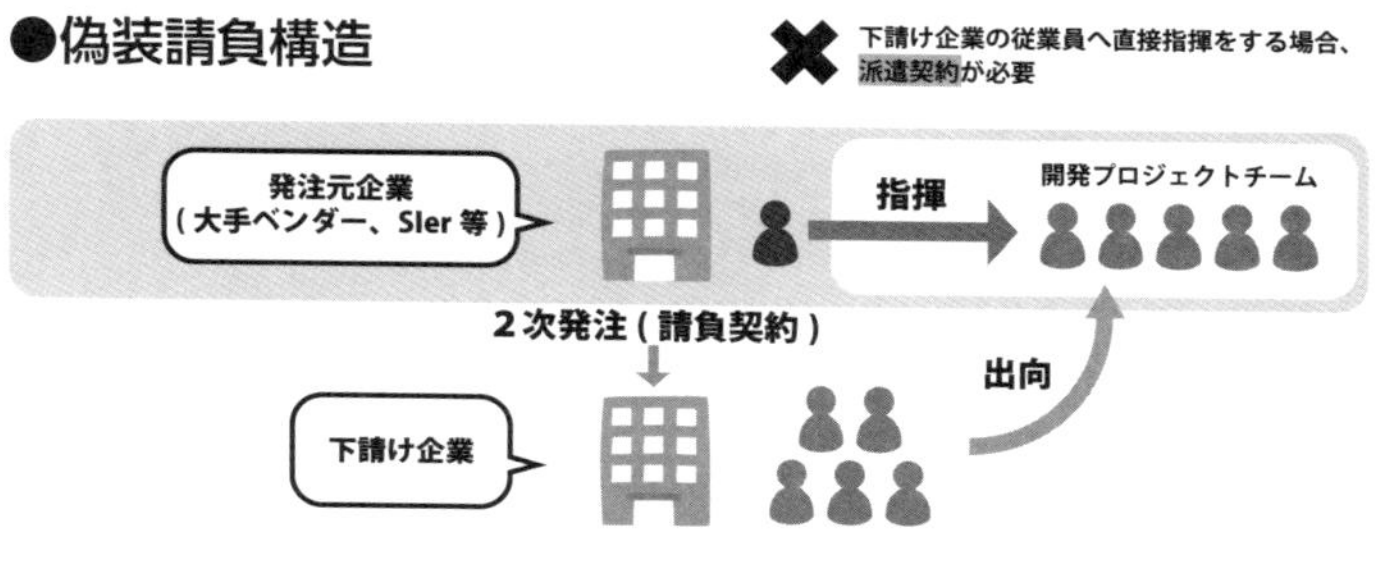

●問題点その2．労務管理がまともに行われない

偽装請負状態の場合、指揮命令系統が曖昧なので労務管理の責任の所在も曖昧となり、**ずさんな労務管理**が行われやすくなります。たとえば、派遣されている従業員の残業時間が膨れてきたので、その社員の所属企業で早く帰らせるように対策しようとしても、派遣先の企業で指揮命令が行われているような状況では、構わず長時間残業続行などということも当たり前に行われてしまいます。所属企業の側でコントロールすることは、実質不可能なのです。最近話題のプレミアムフライデーを所属企業で行うことにしたとしても、派遣先企業に指揮命令がある状況では「プレミアムフライデーなんか関係ないよ」と一蹴されてしまうことになります。

●問題点その3．長時間残業が蔓延する

多重下請構造の常駐開発では、多くの現場が長時間労働となります。すでに述べた通り、労務管理が適切に行われることはないですし、人月商売の特性上、**効率的に働くとかえって売上が落ちてしまう**という意味不明な状態でもあるので、業務効率化しようというモチベーションが働くことは滅多にありません。たとえ一人が違和感に気付き、がんばったところで、無駄な努力になることがほとんどなのです。長時間残業をなくして、労働環境を改善したいというシ

ステム開発会社があれば、まずはこの**多重下請構造の常駐開発から抜け出す**ことが何よりも重要です。

このように、問題が山積みのＩＴ業界の多重下請構造。しかし、社会人経験が2年そこそこの当時の私は、そのような問題に全く気付かず、フリーランスとなって、多重下請構造に取り込まれました。そして、以前のブラック企業よりもはるかに違法性が高い職場で働くことになってしまったのです。最初の会社を飛び出したものの、また月２００時間超の残業は当たり前、休日もなく馬車馬のように働く日々が始まりました。

業界に蔓延する深刻な人材不足

フリーランスとして働き始めた私は、すぐに多重下請の現実に直面することになりました。優秀なエンジニアがあまりにも少ないのです。下請け、孫請けの環境で、プロジェクトごとにかき集められたその場しのぎのチームで働くエンジニアたちを待っているのは、誰でもできるように最適化された、しかしながら膨大な作業をただこなすだけの日々。新しいスキルを得る暇もなく、新しい分野に挑戦する選択肢もなく、ひたすら最低限のスキルさえあればこなせる仕事を、駒の一つとしてやり続けるだけだったのです。難易度の高い仕事が来ても、それをこなせるのはプロジェクトメンバーの中のごく一部だけ。そのごく一部のメンバーが、スキルのない他のエンジニアたちの尻拭いをしなくてはならず、技術を教える余裕などありません。これでは優秀な人材が育つわけがないのです。

エンジニアの中には、指示通りに働いているものの、自分が今やっている仕事の全体像を知らないために「このシステムが何になるのかわからないまま作っている」という人もいるような状態でした。歯車の一つとしてひたすら働き、動けなくなったら取り替えられてしまう、それが下請けでがんばるエンジニアたちが置かれている環境だったのです。

希望に満ちて、ついに起業！

業界全体のピンチをチャンスに！　アクシアを起業

私は、そのような状況に危機感を覚えつつも、大いなるチャンスだと感じました。こんなにも人材不足ならば、逆に優秀なエンジニアを育成できれば、業界の中で頭一つ抜きん出ることができるのではないかと考えたのです。そして、現場で出会ったフリーランス仲間の松川徹（現アクシア専務）とともに起業を計画。準備期間わずか半年、26歳の時に、株式会社アクシアを立ち上げました。２００６年のことでした。

「アクシア」には、ギリシア語で「バリュー」という意味があります。シンプルで響きが良く、しっかりとした意味も持っている、さらに「ア行」にすればお客様の目に留まりやすそうです。優秀なエンジニアを抱えてお客様に「価値」のあるサービスを提供できるような会社にしたい、そんな想いでこの会社名に決めました。

前述のように、学生時代から、私の中には「いつか自分の会社を立ち上げたい」という気持ちがありました。まずは就職したのも、スキルを身に付けることと同時に、当時会社を立ち上げるのに必要だった３００万円の資金を貯めるためでもありました。就職活動中に出席したサイバーエージェントの会社説明選考会では、若くして起業して大成功していた藤田晋社長の講演を聞き、胸が熱くなりました。その説明選考会で、面接官に「どうすれば藤田社長のように若くして起業できるのでしょうか？」と、就職希望者とは思えないような質問をたくさんしてしまうほど、起業への想いは強かったのです。

元々持っていた起業への強い想いに加え、松川という頼もしいパートナーを得て立ち上げた株式会社アクシア。ところが、ここに来て、いよいよ卒業できたと思っていた「スーパー社畜」の魂が、ムクムクと頭をもたげてきたのです。

気が付けば、自らの会社も真っ黒に

社畜だった者は、無意識に社畜を求めてしまう

虐待された経験を持つ子どもは、自分が大人になって親の立場になった時に、絶対にやめようと思っていたにもかかわらず今度は虐待する側に回ってしまうことがある。そんな話を聞いたことがありませんか？もしかしたら、会社と社畜の関係もそれに近いものがあるのかもしれません。

多重下請の業界構造のせいで、優秀なエンジニアが育たない土壌ができあがってしまったIT業界。そんな中、優秀なエンジニアさえ育てれば、突出した会社が作れるのではないか。私

はそんな熱い想いでアクシアを立ち上げたのですが、その滑り出しは最悪なものでした。

私は、とにかく来てくれる人材なら「誰でも良い」と採用してしまったのです。人さえいれば、その後のスキルは教育で何とでもなると考え、26歳の若造が人を見る目も養わないまま面接し、すぐに採用を決めていたのです。さらに私には、ベンチャー企業とはこうあるべきだ、という理想像がありました。ベンチャーなのだから、大手に対抗するためにも、とにかく社員にはバリバリ働いてほしいと願ってしまったのです。

しかも、創業当時のアクシアの労働形態は、今とは異なり**客先常駐がメイン**でした。前述のように、客先常駐では、従業員の労働環境をコントロールすることはできません。なお悪いことに、客先常駐の形はあまりにも業界の常識になっていて、当時の私自身がその違法性に気付けなかったのです。

多重下請構造からの脱却

ふだんは客先に常駐している社員たちが、月に一度、自社に戻ってくる「帰社日」というものがあります。その帰社日に開催された飲み会でのことです。ある社員の言葉に、私はハッとさせられました。

「これってもしかして、偽装請負なんじゃないですか？」

それまで、業界の常識となっていた客先常駐に対して「限りなくグレーだなあ」と感じたことはあっても、明確に違法だと思ったことはありませんでした。いや、正確には頭のどこかに「違法かも」という考えはあったのだと思います。しかし、客先常駐以外の業務形態、つまり自社開発の仕事で売上を上げていけるのかが不安で、違法性から目をそらしていたのです。しかし、社員からの指摘で、改めて客先常駐の構造そのものを見直し、その歪みをはっきりと認識することができました。

ちょうど、客先常駐での仕事に目に見える成果がないことや、クライアントから直接感謝されるわけでもないことから、私自身も自分たちの会社の存在意義はなんだろう、と疑問を持っていた時期でもありました。そこで、自社の仕事内容を、客先常駐から自社開発へと徐々に方向転換していったのです。

こうして２００８年、ほぼ1年かけて、アクシアは**客先常駐から撤退**しました。会社設立から約２年での大きな方向転換でした。

自社開発へ移行しながらも、ブラック街道を突き進む

客先常駐をしていれば、前述した人月計算によってある程度の売上は見込めます。しかし、自社開発ではその売上予測が立ちません。そのため当時の私は、「自社開発へ移行するなら、より多くの仕事をこなさなくてはならない」という考えに至ります。

せっかく多重下請構造から抜け出したのにもかかわらず、社員への負荷は増す一方でした。アクシアは、毎月の残業が２００時間〜２５０時間、休日出勤も当たり前のブラック企業になっていました。

「後から教育すればスキルは何とでもなる」と考えていましたが、もちろんこのような状況で勉強の時間が取れるわけもありません。しかし、私はこう考えてしまったのです。

「日々の激務をこなしながらも、時間外にはスキルアップのための勉強をしてほしい」

この姿勢こそ、私が最初の会社で培ったスーパー社畜魂に他ならなかったのです。

「ついて来られない社員が悪い」完全なる悪循環へ

当然、社員たちからは不満が噴出します。長時間労働であること、労働環境が悪いことなどを次々と訴えてきます。不安に駆られた社員から、「福利厚生はどうなっているんですか？」「退職金制度を作りませんか？」と詰め寄られたこともありました。

「なぜわかってもらえないんだ」

私は悩みに悩みました。エンジニアならば、自分で勉強するのは当たり前じゃないか。社長である自分も一緒に残業してがんばっているじゃないか。

当時の自分を振り返ってみると、「血尿が出ました」と相談してきた社員がいたとしても、「それは大変だ。すぐに休んでくれ」とは言えなかったと思います。そこには「人間的に何かが欠落している」と思っていた、かつての上司と同じことをしている自分がいたのです。

クライアントとの関係にも苦悩の日々が続きました。たとえば、ある案件を進めるにあたり、当初の設計通りにシステムを組んだとしても、納期目前で「やはりこういう仕様も足してほしい」などの要望が出ることがありました。今ならば、「これは当初のお話にはなかったので、追加でこれくらいの期間と予算が必要です」と説明することができるのですが、当時は「そんなことを言ったらもう仕事が来なくなるのではないか」という恐怖がありました。そのため、追加の工期も予算もない状態で、**闇雲にクライアントの要求を呑み続けた**のです。その結果、社員たちにしわ寄せが行き、長時間の残業対応で苦しませることになってしまいました。

さらに、クライアントとの信頼関係にも揺らぎが生じます。何かトラブルが発生した際に、担当しているエンジニアがミスの発覚を恐れて一人で抱え込んだことにより、問題発生の事実の隠蔽が多発したのです。トラブルが大きくなってから発覚することが多くなり、せっかく築き上げたクライアントからの信頼を失ってしまうこともありました。

私はとにかく何とかしようと足掻《あが》きました。社員一人ひとりと面接をし、結束を固めようと飲み会を開いたりもしました。みんなにリラックスしてもらおうと、会社に観葉植物を取り入れたこともありました。しかし、全てが裏目に出てしまいました。面接も飲み会も、社員の貴重な時間を会社が拘束しているに過ぎなかったのです。

そんな中、決定的な事件が起きました。

アクシア唯一のＷＥＢデザインのスペシャリストである女性社員が、あまりの長時間労働に心身の限界を感じ、退職希望を出してきたのです。彼女しかデザイン業務をこなす人材がいなかった当時のアクシアにとって、彼女を失うということは、会社の顔を失うようなもの。

「彼女がいなくなったら会社はおしまいだ。彼女だけ残業をしなくていいことにしようか。いや、それでは他の社員の猛反発を食らうだろう。一体どうしたらいいのだろうか」

私はかつてない窮地に追い込まれて、悩みに悩みました。

そして、決断したのです。

「これを機に、全員残業ゼロにするしかない」

残業ゼロ革命、始動！

革命宣言

２０１２年９月30日。その日の業務終了時に全従業員を集め、いぶかしがる皆に向かって、私は突然宣言しました。

「明日から残業は一切禁止にします」

かなり勇気を出して行った決意表明でしたが、社員一同、無反応。「本当かよ……」という空気が漂っていました。

それもそのはず。これは、あるアクシア社員のブラック時代のタイムスケジュールです。

まさに、朝から晩まで**起きている時間はほとんど仕事漬け。**こんな日々を送っていたのに、急に明日から残業禁止、18時に帰宅しろと言われても、実現不可能な絵空事としか思えないのも仕方ありません。

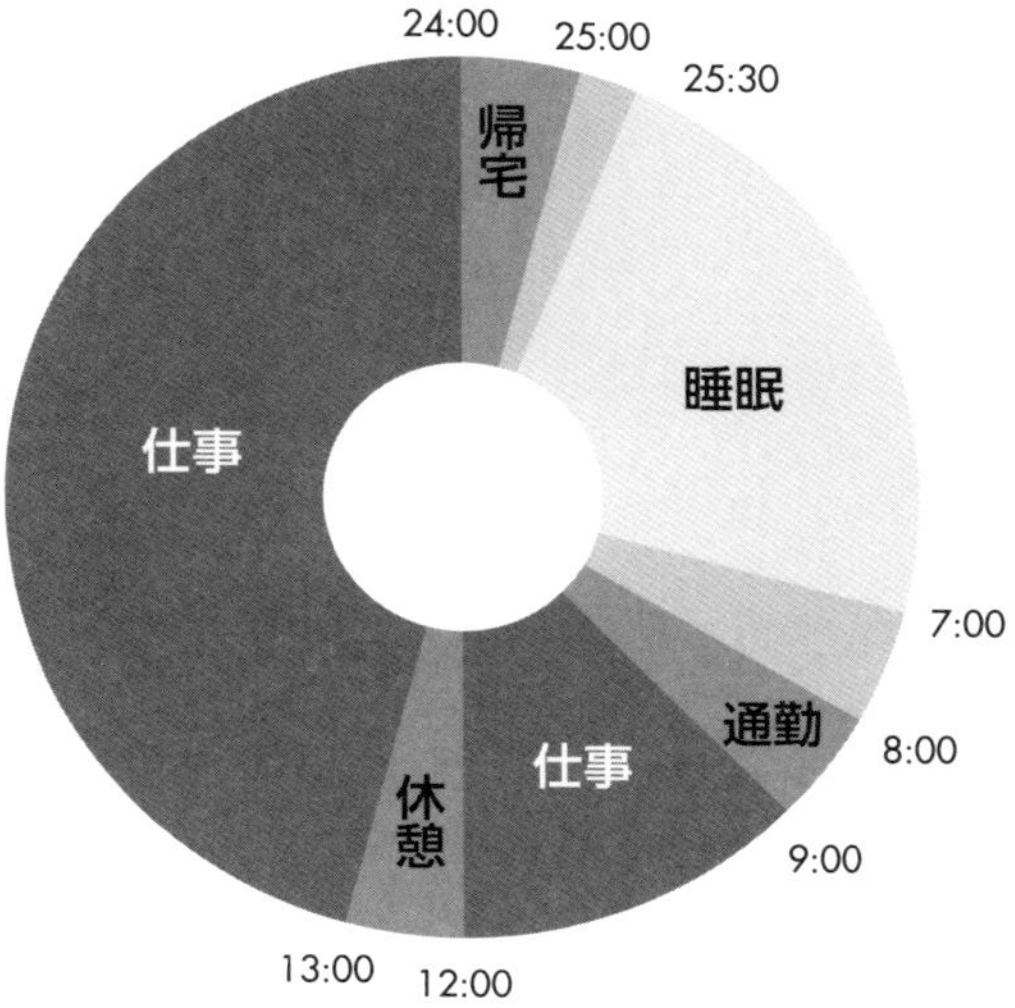

経営者が腹をくくるか否か、それが問題だ

実は、客先常駐をやめて以来、「労働環境を抜本的に何とかする以外に従業員の不満を解消することはできない」ということには気付いていました。ですから、作業を効率化するための様々なプランを練って準備をしていたのです。

そうです。確かに準備だけはしていました。しかし、**足りないのは私の勇気**だったのです。どうしても残業に頼らない環境に移行する勇気が出なかったのです。残業を減らすと、労働時間が短くなる分、売上が落ちてしまうのではないか。そう思うと、残業削減に踏み切ることができませんでした。

しかし、必要不可欠な社員から退職届を突きつけられて、私は目が覚めました。このまま問題山積みの悪循環の中で進んでも、いずれ売上に影響が出てしまうに違いありません。ならばここで動いてみようではないか、と思ったのです。

革命当日に敢行したシンプルなこと

そしていよいよ２０１２年10月1日。革命記念日となるこの日、私が実際に行ったのは、大変シンプルなことでした。それは、**「とにかく帰らせる」**ということ。

「え？それだけ？」と拍子抜けされた方がほとんどでしょう。

しかし私は、この「帰らせる」ということを、社員が自主的に帰るようになるまで、徹底してやり抜いたのです。まず、18時になったら強制的にパソコンの電源を落とさせます。「どうしても今日中に送らなきゃいけないメールがあと一通あるんです！」という状況でも、「明日、先方に謝りなさい」と決して許さない。打ちかけのメールも最後まで書き続けることは許さず、容赦なく電源オフ。システム会社ならではの手も打ちました。

アクシアでは、一日の業務の最後に日報を打つことになっているのですが、打っている最中に18時になると、「残念でした！また明日！」と表示され、途中まで打っていた日報が消えてしまう

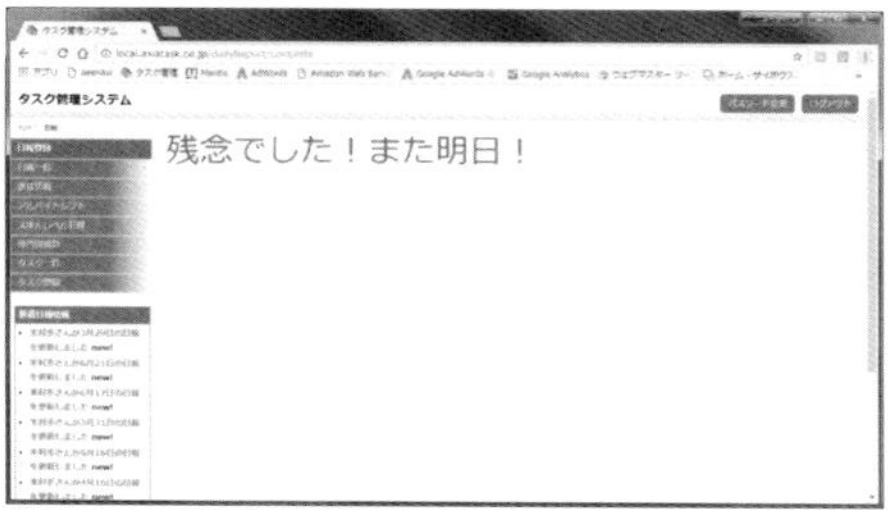

というシステムを自社で組み、導入したのです。

それでもまだ席を立たない社員もいます。そんな時は、私が自ら後ろに仁王立ちしてプレッシャーを与えます。そうすると、ほとんどの社員が、大体30秒くらいでギブアップして目の前のパソコンの電源を切ることになるのです。

終えられなかった仕事への対処法

どうしてもその日やらなくてはならない仕事が終わっていない場合はどうしたのでしょうか。こちらも大変シンプルです。

「終わりませんでした。代わってください」と社長に報告すること。

実は私は、事前にこう宣言していました。

「役員には残業という制度が適用されないので、我々だけは残業します。みんなが就業時間内に終えられなかった仕事は役員で全て引き受けます。全員分の仕事を役員が引き受けるんだから、みんなが仕事を効率的に進める努力をしてくれないと、俺たち死んじゃうかもよ?」

ちなみに役員は、社長である私と、パートナーである専務の松川の2名のみ。社員全員分の残業を引き受けたら、本当に死にかねません。

これは大変効果がありました。上司に仕事を頼まなければならないという気まずさが、社員たちの仕事の効率化を一気に進めたのです。それまで無意識に行っていたネットサーフィンやくだらないおしゃべりなどの時間を削減しないと、役員２人に負担を押し付けることになる、というプレッシャーが社員の意識を変えたのでした。

実際、しばらくの間、私たち役員２人は、終電帰りや休日対応で社員が業務時間内に終わらせることができなかった分の業務をカバーしていました。ただし、徹夜をしたのは1回だけです。それは、社員が誤って、消してはいけないファイルを大量に消してしまい、その復旧作業を行うための対応でした。

残業ゼロでまさかの売上アップ

こうして1ヶ月間、徹底的に残業ゼロを敢行しました。すると、予想外のとても嬉しい成果がありました。なんと、**前月と比べ、27%も売上がアップ**したのです。

売上アップのからくりとは!?

残業ゼロを経験したことがない経営者の方と話をすると、必ず「残業をなくしたら、売上が落ちたのではないですか？」と聞かれます。私も残業ゼロに踏み切る前は、これがかなり不安でした。物理的に労働時間が減るわけですから、当然売上も落ちると思っていました。

しかし、真逆のことが起きたのです。最大限まで残業していた前月と比べ、２０１２年10月の売上は27％もアップ。これは全くもって予想外の出来事でした。

残業をなくすことで、生産性、つまり業務効率が上がるのは当然のことです。それまでアクシアでは毎日朝9時から夜24時くらいまで仕事をしていましたから、社員の肉体的・精神的疲労は大変なものでした。これが突然9時から18時という労働時間に変わって、毎日十分な睡眠時間を確保することができるようになり、仕事中の集中力が上がって、時間当たりの生産性を上げることができたのです。

しかし、労働時間は、それまで1日13時間くらいだったのに対し、1日8時間と、かなり少なくなりました。業務効率が上がるとはいえ、労働時間がそれまでの半分近くまで減るのですから、生産の「質」は向上しても「量」は少なくなり、売上も減ってしまうと考えるのが普通です。確かに私自身も、残業禁止を実行する前から、残業禁止によって社員は限られた時間内で働くようになり、効率化が進んで、会社の生産性は上がるだろうという予測はしていました。その読みは的中したわけですが、まさかこれほどまでに売上アップにつながるとは思ってもみませんでした。むしろ、売上は絶対に落ちると覚悟していたのです。これが怖くてなかなか一歩を踏み出せずにいたというのに、まさかの前月比27％アップを達成。

売上（＝生産量）が伸びた理由を様々な観点から分析すればするほど、**毎日深夜まで働くやり方がそれだけ非効率だったのだ、**ということに尽きます。よくよく考えてみれば、毎日朝９時から終電まで働くやり方で、常に全速力で仕事ができるわけがありません。

毎日13時間働くことがわかっている場合、朝から全力で飛ばすと夜まで集中力が持ちませんから、午前中は肩の力を抜いて「慣らし運転」から仕事がスタートします。そして夕方くらいから徐々にアクセルが入り始めて、調子が出てきたあたりで夕飯休憩。その後やっと本気になって全力モードで仕事を始めるわけですが、その頃には労働時間が10時間以上経過しており、もう集中力が切れ始める時間帯なのです。前述のように、人間が集中力を保つことのできる限界は、朝起きてから12~13時間くらいだそうで、その後は酒酔い状態のような集中力しか発揮することができません。

しかも、24時くらいに会社を出て帰宅するのが深夜1時くらい、実際に布団の中に入るのは深夜2時。次の日の起床時間が7時だとすると、毎日5時間程度しか睡眠時間を取れない状態です。終わりの見えない残業まみれなので、この状態がずっと続きます。そうなると、日中も睡眠不足で、そもそも集中力を発揮できるわけがありません。毎日こんな状態で仕事をしていたわけですから、それまでの仕事のやり方は非効率極まりないものでした。残業まみれの状態に陥っている最中にはなかなか気付きにくいものですが、おそらく当事者が想像しているより、はるかに非効率な状態だったのでしょう。

このような状態が、残業ゼロの実現によって、見事に解決されたのです。まず、睡眠不足が解消されます。これだけでも集中力が大幅に向上し、業務効率が飛躍的に高まります。そして、朝9時から仕事を始めて18時には仕事を終えるので、人間が朝起きてから集中力を保つことのできる12~13時間の範囲内で仕事を行うことができます。朝からアクセル全開で仕事を開始して、その高い集中力を業務終了まで維持することができるようになるのです。

それまで9時~24時まで、途中昼と夜に1時間ずつ休憩を挟んで1日13時間働いていた時の業務量を8時間で消化するためには、13÷8＝約1.6倍の業務効率で仕事をする必要があります。

さらにアクシアのように27％売上（生産量）をアップさせた場合、およそ2倍の業務効率で仕事をしていることになります。

毎日睡眠不足で意識朦朧《もうろう》、疲労困憊して仕事をしていた状態から、睡眠時間が十分確保され、1日中全力投球できる状態へシフトしたことを考えると、**2倍の業務効率**というのは決して無理な数字ではなかったのだろうと思います。

これが、アクシアが残業をゼロにして売上アップを実現できた理由です。

もちろん、「残業を減らしたら売上が伸びた」という単純なものではなく、それまで活動してきた様々

労働時間と業務効率の関係

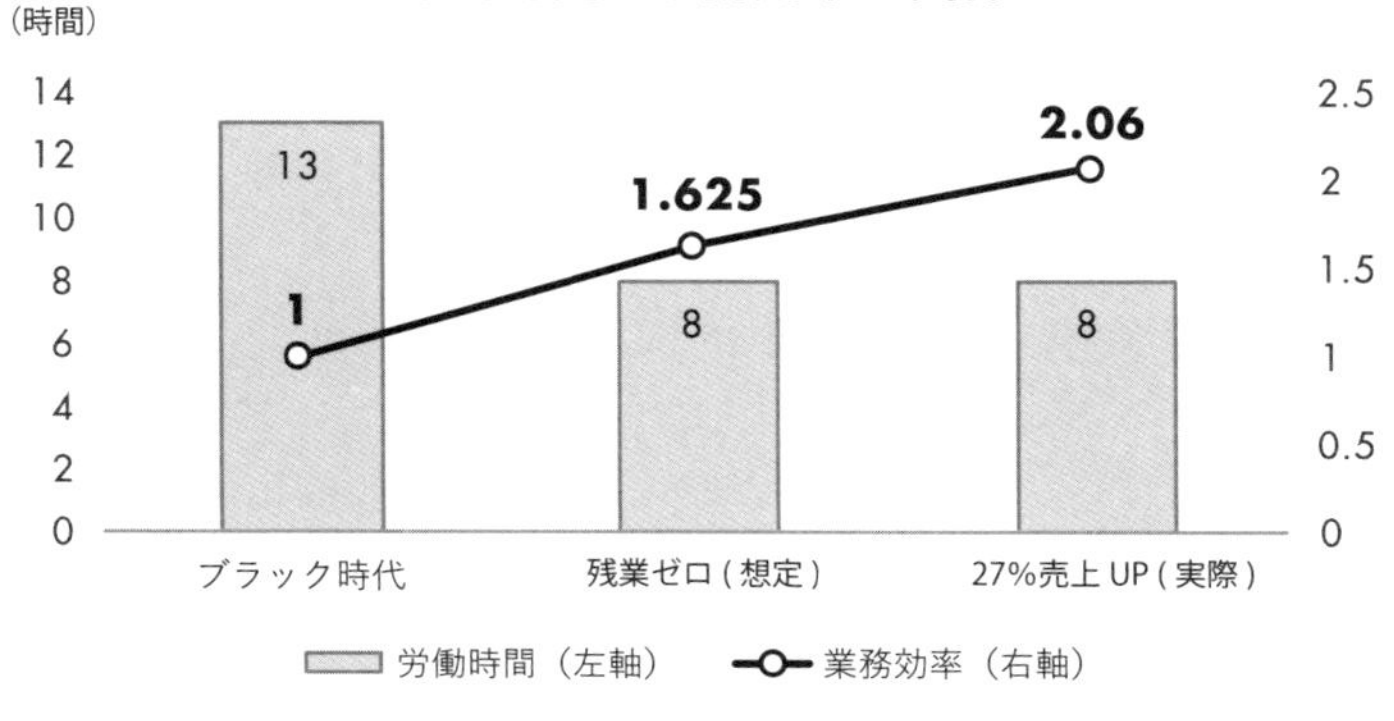

な業務効率化の取り組みが、良い形で残業ゼロと結びついた結果、売上が伸びたことに違いはありません。しかし同時に、残業まみれの疲弊した状態の中では、どんなに効率を上げようとがんばっても限界があったとも言えるでしょう。この売上アップという事実をもって、それまで、いかに非効率な仕事のやり方をしていたのかを痛感しました。

残業ゼロで利益率もアップ。その理由は？

残業ゼロにするまでは営業利益率が年10%を超えたことはなかったのですが、残業ゼロにしてからは営業利益率も上がり、10%を超えるようになりました。直近の事業年度の営業利益率は14%くらいまで上がってきており、今は営業利益率20%超えを目指しています。

利益率が上がった要因としては、先ほど売上アップの部分でもお伝えしたのと同様に、**従業員の生産性が大幅に上がったこと**が一番の要因です。それまでは、睡眠不足の状態で長時間労働を行うという、極めて非効率な働き方をしていましたが、残業ゼロにしてからは睡眠時間をしっかりと確保して健康な状態で仕事をするようになりました。それに加え、残業ゼロにしてから、働きやすくなり、会社の雰囲気も良くなったためか、新しく採用した人が、すぐに辞めずに長く働いてくれるようになりました。これも、間接的に利益率の向上につながっています。

新しく人を採用した時には、どんなに優秀な経験者だったとしても、アクシアの仕事のやり方に慣れて、能力を発揮するまでに、どうしてもある程度時間がかかるものです。そのため、採用からしばらくの間は、その人が生み出してくれる売上よりも、人件費のほうが上回っている、という状態が続きます。人材を雇用し、その人が戦力となるまでに発生する人件費などの諸経費は、企業にとっては将来の利益を得るための先行投資という位置づけになります。新しく人を雇うたびに、多かれ少なかれ、この先行投資が必要になり、**雇用したての社員の利益率はどうしても低くなってしまう**のです。

特にシステム開発の分野では、経費に占める割合の中で、人件費が圧倒的に大きいのです。新人が戦力となるまでに先行投資が必要ということは、つまり、雇ってもすぐに人が辞めてしまうような状況だと、会社全体として利益率が下がることを意味します。逆に、雇用した人が戦力として長くとどまってくれると、それだけ長く売上・利益に貢献してもらえるようになりますので、利益率は上げやすくなります。

人件費以外の部分では、**採用広告費がかなり少なく抑えられるようになりました**。ブラック企業時代にはすぐに人が辞めてしまっていたので、年に何度も中途採用の求人広告を出さなければならず、そのせいで少なからず利益が減ってしまっていました。一方、残業ゼロになってからは離職率が低下し、頻繁に求人広告を出す必要がなくなりました。そのうえ、最近では会社のホームページから毎月何人もの求職者の方に応募してもらえるようになったため、求人広告にかかる経費はさらに少なくなっています。

このように、残業ゼロを徹底したことで、売上だけではなく利益にもプラスの効果が表れ、「やはり残業ゼロに舵を切ったことは正しかった」と大きな自信を得ることができました。

ところが、この後予想外の反発を受けるようになりました。なんと、社員が逆に残業を欲し始めたのです。

日本にはびこる残業病？ 残業ゼロの強力な副作用

残業させてほしい⁉

今まで毎日のように終電だったのに、18時に解放され、余暇を楽しむことができるようになった社員たち。生活が大きく変わり、さぞアフター６を満喫しているかと思いきや、全員が楽しんでいるわけではありませんでした。**残業ゼロの環境に適応できない人**が現れ始めたのです。

残業ゼロの環境では、労働時間が短くなった分、集中して効率的に働かなくてはならなくなりました。それに耐えかねて、「自分のペースでもっとゆっくり仕事をしたい、自由に残業をしたい」と、今までとは逆の声が出始めました。

後ほど詳しく述べますが、アクシアでは生産性を可視化できるシステムを導入しています。作業の進捗が完了まであと何％なのか、今日予定していたゴールに届いたか、届かなかったか、社員全員が全てを見ることができるシステムです。しかし、これによって明らかになるのは作業の進捗だけではありませんでした。集中して作業を完了させることができなかったのは誰なのか、ということまで一目瞭然になってしまったのです。

実は、２０１２年10月に残業ゼロ革命を起こす前から、このシステムは導入していました。しかし､私を含む社員全員に「18時までに何としても終わらせる」という意識がなかったため、結局、残業によって時間をかけて作業を完了させていました。しかし、残業ゼロのもとでは、それまで残業という時間を使って何とか終わらせていた仕事を、終業時間の18時までに終わらせなくてはならない。「量より質」が求められるようになってしまう。それに厳しさを感じた社員から、「昔のように、納期が近いものだけでも残業させてほしい」という希望が出てきたのでした。

残業ゼロは鉄則。例外は認めない

しかし、私は心を鬼にして、例外を一切許しませんでした。一つでも特例を作ってしまうと、「また頼み込んで残業すればいいか」という考えが広がり、どうしても仕事のスケジューリングが甘くなってしまいます。そうすると、また、なし崩しに昔のブラック企業に戻りかねないと感じていたのです。逆に「絶対に残業をさせてもらえない」という意識があれば、早い段階でそれを前提とした仕事の配分を考えるようになり、**最終的には納期に間に合わせることができるようになる**のです。ブラック時代でも、社員たちは、よほど作業が詰まっていない限り、会社に泊まることはせず、終電で帰っていました。つまり、頭の中で「終電までには終わらせる」という調整を無意識にしていたことになります。ですから、残業を徹底して禁止することで、その**頭の中での締め切り**を、終電ではなく、18時に変えさせたのです。一度定着した意識と、毎日の習慣を変えることは、口で言うほど簡単なことではありません。「18時退社」を単なる「原則」ではなく、**絶対に破れない「鉄則」**にすることで、少しずつ、社員の意識と習慣を変えることができるのです。だからこそ、例外は認めませんでした。

18時退社厳守。意外にも楽ではないこのルールについて来られない者は、アクシアから去っていきました。またその後も、中途で採用した社員が骨の髄まで残業体質、という場合も多く、「残業ゼロという理念に共感しました」と入社してきても、すぐにその現実に打ちのめされ、長続きしない人もいました。

意外なクライアントの反応

システム会社といえば、お客様からの緊急要請に対し、24時間いつでも対応可能な体制を整えなくてはいけないイメージがあると思います。そんな中で、突然の残業ゼロ宣言。クライアントの反応はどのようなものだったのでしょうか。

意外にも、ほとんど全てのクライアントが、怒るどころか共感・賛同してくれたのです。

もちろん、100%のクライアントが賛同してくれたわけではありません。中には「客が休日に出てきて働いているんだから、お前たちも働いて当然だ。労働者名簿を提出しろ！ここに名前がある社員は全員休日出勤しろ！」と、理不尽な怒りをぶつけてきた会社もありました。その会社とはあいにく契約解除となりましたが、逆にこれはレアケース。中には、「それは素晴らしい試みですね」と褒めてくださる方もいらっしゃいました。

当然、ただ単に「18時以降は働きません」と宣言しただけではお客様の理解は得られません。アクシアでは、緊急連絡の手段も用意し、お客様だけに公開しています。お客様が本当に必要な時には連絡が取れるようにしているからこそ、残業ゼロにも理解が得られるのです。ちなみに、緊急対応は役員で済ませますので、社員が時間外労働をすることはありません。

とはいえ、開発のスケジュールに遅れが出てしまった時には、残業しないでどう対応するのか、という疑問もあるかと思います。お客様に約束した納期について、「うちは残業をしないので、もう少し納期を遅らせてください」とは、さすがに言えません。

実はアクシアでは、あらかじめ毎月一定数のエンジニアを自社内で使うシステムの開発に割り当てています。自社内で使うシステムは、顧客に納品するシステムと異なり、納期調整を自分たちの裁量で行いやすいという特徴があります。そこで、顧客からの受託開発のスケジュールが遅れてしまった時には、社内開発に割り当てていた社員を割り振り直すことで、顧客への納期遅延を防止しています。あらかじめ自社開発に一定数の社員を割り当てておくことで、顧客への納品に遅れが出ないように調整しやすくなっているのです。いわば、社内システム開発のリソース分が、万が一の時のバッファになっているようなものです。

ただし、アクシアでは、社内システム開発業務を、将来的な業務効率化のために重要なものだと考えているため、安易に社内開発リソースを削るようなことはしません。やむを得ず社内開発のリソースを受託開発に割り当てる場合でも、翌月以降にその分社内開発を増やすようにするなど、社内開発も停滞しないようにしています。

こうして、顧客に対しては、アクシア側の都合による納期調整は極力発生しないようにしていますが、顧客側の都合でスケジュールが遅れた場合や、追加の対応が必要になった場合には、丁寧に説明し、納期調整が必要な理由に納得していただくようにしています。おそらく、一般的なシステム開発会社には、このような対応を行わず、顧客の要求を聞いて、とにかく残業でカバーをしているところが多いのではないかと思います。

残業ゼロを実現するためには、こうした社内努力に加え、お客様をはじめとする取引先の理解が欠かせません。賛同が得られないお客様の仕事は受けない、という決断も、時には必要かもしれません。これについては、第3章で後述します。

突然の大ピンチでも、残業ゼロで乗り切るべし

売上減・赤字転落も残業ゼロで乗り切った

２０１２年10月に残業ゼロに踏み切って以降、アクシアは毎月右肩上がりで収益を伸ばしてきました。しかし、２０１３年度に受けた大きなプロジェクトが想定外の規模となり、その作業に社員一同が奔走したため、他の開発をすることが全くできなくなり、売上が目標に届かない、というピンチを初めて迎えます。これが尾を引き、２０１４年度には赤字に転落してしまいました。

２０１２年９月までのアクシアならば、いや、ほとんどのＩＴ企業ならば、他の開発を請けるために、残業をたくさんしてでも仕事量を増やし、売上を補填《ほてん》しようとすると思います。しかし、私はこの時も、**「残業ゼロは会社の経営戦略である」**という想いを決して曲げませんでした。残業をいくらしても効率は上がらないという経験を積んでいたこともあり、「残業したら何とかなるかも……」という考えは、不思議なほど一瞬もよぎらなかったのです。結果、新規開発ではなく、品質管理を改善する方向に軌道修正したことが功を奏し、**２０１５年度には黒字回復**、そして**２０１６年度には過去最高の売上**を記録することができたのです。

アクシアの売上・利益推移

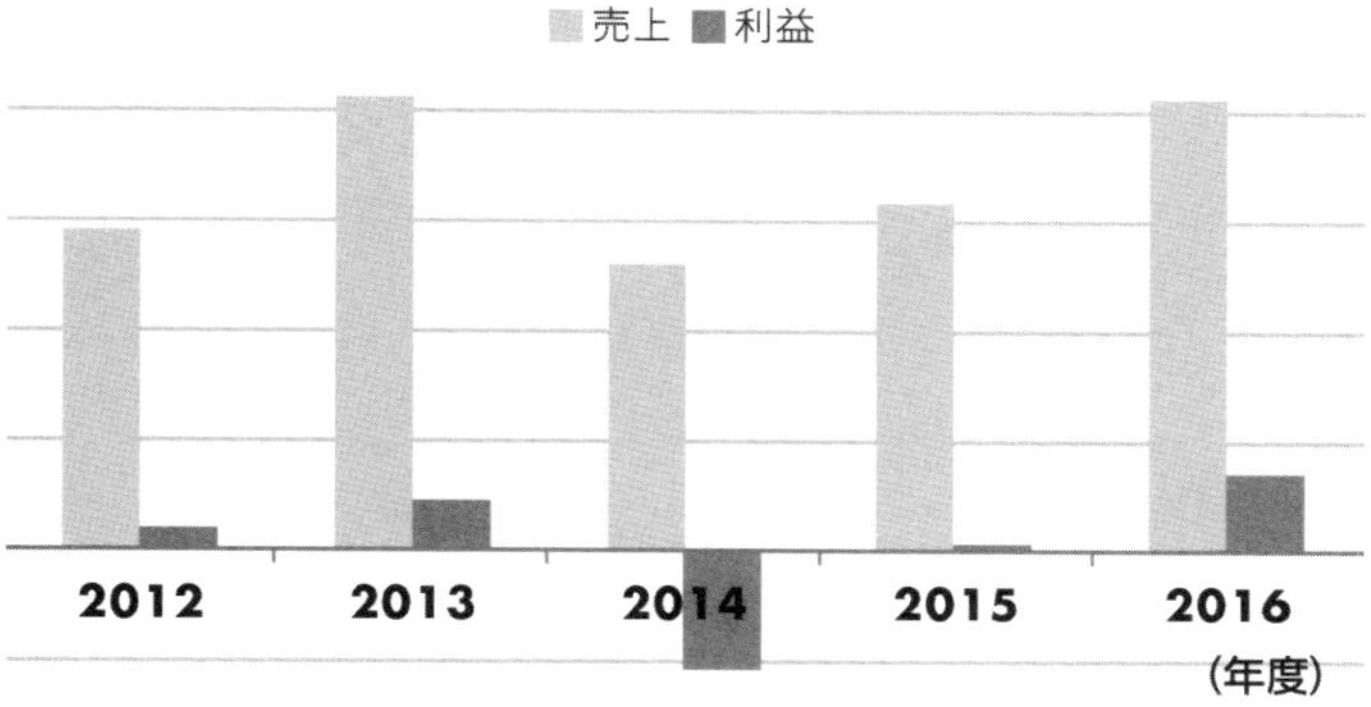

第2回ホワイト企業アワード受賞！

２０１２年10月1日に残業をゼロにしてから、約４年半。２０１７年2月28日に、大変嬉しい発表がありました。株式会社アクシアが、**第2回ホワイト企業アワードを受賞**したのです。

ホワイト企業アワードとは、ホワイト企業を**「社員の幸せと働きがい、社会への貢献を大切にしている企業」**と定義し、次世代に残すべき企業を表彰するというものです。主催者の一般財団法人日本次世代企業普及機構によると、「次世代に残すべき企業」とは、**「適正な利益・成長」「お客様からの信頼」「従業員満足度」の3要素のバランスが大事である**（一般財団法人日本次世代企業普及機構 公式サイトより）とのこと。

第三者に「次世代に残すべき企業」として客観的に評価をしてもらえたのは初めての経験で、心から嬉しく思いました。

エントリーの際には書類を提出する必要があったのですが、「労働時間は何時間か」「残業時間は何時間か」という項目ではなく、「残業削減時間は何時間か」という記入欄しかありませんでした。しかし、アクシアの場合は残業自体がゼロですので、削減時間としては書くことができないという相談をしたところ、主催者側に大変驚かれました。ホワイト企業アワードの主催者側には、残業を減らせる企業は存在しても、残業ゼロに成功した企業がある、という発想がなかったということですので、大変印象に残っています。

また、ホワイト企業アワードの選考過程の面接では、面接官の社労士さんにも「残業が完全にゼロ、という例は初めてなので、いろいろ教えてほしい」とまで言っていただくことができました。

こうして、第三者の厳正な審査によって、アクシアの働き方を認めていただき、ホワイト企業アワードを受賞できたことは、会社にとっても、私自身にとっても、大変誇らしいことです。自分自身の社畜時代、そして起業後のブラック時代には、考えてもみなかったことでした。

第1章でお伝えしたように、残業ゼロは簡単な道のりではありません。アクシアの残業ゼロ実現も、決して簡単な道のりではありませんでした。紆余曲折の末に、ようやく実現できたというのが正直なところです。

そして、今は本当に残業ゼロに踏み切って良かったと感じています。あの時決断し、残業ゼロに踏み切らなければ、会社は少なくとも今のような形では続けてこられなかったでしょう。

ここまで、私自身、そしてアクシアの残業ゼロ実践の体験談をお読みいただきました。ここからは、そうした働き方改革にこれから取り組もうとしている経営者や、会社に働きかけようとしている従業員の方に、ぜひ知っておいてもらいたい「残業ゼロへの正しい取り組み方」をお伝えします。

第3章

残業ゼロへの正しい取り組み方

どんな試みも、やる気があってもやり方を間違えれば、思うように成果が出ないものです。残業ゼロも同様で、間違った取り組み方をしていれば、残業を削減できないどころか、従業員たちの不満を増大させかねません。これは非常にもったいないことです。

そこで、本章では、残業ゼロや残業削減を実行しようとする際に、何に気を付けるべきかをお伝えしたいと思います。

残業削減はやり方を間違えれば社員が疲弊するだけ

電通で働いていた女性新入社員が、過労が原因で自殺してしまった痛ましい事件をきっかけに、様々なメディアで残業や働き方に対する問題提起がなされるようになってきました。先日も、あるテレビ番組で『残業やめられますか？』と題し、残業ゼロを目指す企業の特集が放送されていました。

この番組では、ある2つの企業の残業削減への取り組みが紹介されていました。2つの企業ともに、やり方はシンプルなトップダウン。社員が個別に残業削減に取り組むだけでは、なかなか目に見えた成果にまでたどり着くことは難しく、企業のトップの取り組みが必要だという声をよく聞きます。やはり、組織の体質を変えるのであれば、この2つの企業のようにトップが率先して取り組むのが最短のルートでしょう。アクシアも残業まみれでしたが、私が方針転換したことによって一気に残業ゼロを実現することができました。トップの意思決定は本当に大事です。

ただ、この番組を見てこう思った方も多いのではないでしょうか。

「社員がかわいそう」

方向性としては間違っていないものの、私から見てもこれは少しかわいそうだなと思うところがありました。働き方改革は、**やり方を間違えれば単に社員を疲弊させるだけ**になってしまう恐れがあるのです。残業ゼロは決して楽な働き方ではありません。残業ゼロの方針に共感してアクシアに転職してきたのに、結局残業ゼロの環境に適応できずに辞めてしまった人がいることも事実です。残業ゼロで効率的に働くことを追求するあまり、単に社員が疲弊するだけにならないように気を付けなければなりません。

残業削減への第一歩は「見える化」から

残業削減への施策で最初に手を付けるべきことは、**「見える化」**です。番組に登場した企業の取り組みでは、残業時間の多い人がわかるように表を貼り出していました。このように表を貼り出されるのは、従業員側からするとちょっと嫌な気持ちもあるかもしれません。でも、実際に改善したい数字を一人ひとりに「見える」ようにすることは、とても大事なことなのです。それにより意識の変化が生まれますし、マネジメントもしやすくなります。

「見える化」は何も残業削減に限った話ではなく、マネジメント全般において必要な考え方です。改善したい対象を数値化などの手段で「見える」ようにしていないと、具体的にどこを改善すればよいのか、何をすればよいかの判断も難しくなってしまいます。

アクシアでは「生産性管理システム」という自社開発のシステムを使うことにより、日々のシステム開発の生産性が、全て細かく「見える化」されています。これによってエンジニア個人の生産性への意識が高まりますし、どこかに問題が生じていれば瞬時に判別して対策が打ちやすくなります。このシステムが、アクシアでは残業ゼロを実現するための必須のツールとなっているのです。「見える化」の具体例については、第4章でも詳しくお伝えします。

仕事を終える時間を決める

番組で紹介されていた会社では、18時になると強制消灯する取り組みをしていました。このように、仕事をする時に**終了時刻をあらかじめ決めておくこと**は、時間に対する意識を持つためにも重要なことです。

会議の場合も同様です。メリハリをつけて会議ができるよう、あらかじめ会議の終了時刻を決めておく会社は時々見かけますよね。それなのに、なぜか業務時間そのものの終了時刻についてはは曖昧な場合が多いのです。フレックスタイム制でなければ出社時刻はきっちり決まっているのに、退社時刻については曖昧なまま。定時は定められているのに、みんな守るつもりなんて毛頭ない、という会社はたくさんあると思います。退社時刻が曖昧ということは、何時までも仕事してよいと言っているようなものです。

残業削減の成果が上がらず苦しんでいる会社では、**まず退社時刻のルールを決める**ところから始めてみてはいかがでしょう。いきなり残業ゼロは厳しいということであれば、とりあえず20時や21時を退社時刻の期限として設定してもよいと思います。そのかわり決めた時刻は徹底して守ること。とにかく**決められた時間までに仕事を終わらせる習慣を作っていく**ことが大事なのです。

　これを完全に社員の習慣にするには何ヶ月もかかり、なかなか根気のいる作業です。アクシアでも、誰から言われなくても18時で仕事を終える習慣を従業員に根付かせるまでには半年ほどかかりました。

付加価値の高い仕事を見極める

　番組で紹介されていた残業をなくすための取り組みの中に、それまで定時後に行っていたゴミの片付けや品出し作業を営業時間中の空いた時間に行う、というものがありました。

　営業時間内に仕事を行うように改める取り組み自体は良いと思います。しかしこの様子を見て私は思いました。「うわ！　もったいない！」。何がもったいないかって、「なんでトップセールスの人にゴミの片付けをさせているの？」ということです。

　番組では、かなり優秀な営業担当者がゴミの片付けをしている様子が紹介されていました。その営業担当者が暇ならそれでもよいと思います。しかし、全社的に残業ゼロにしようと取り組んでいる時に、暇な時間なんて全くないはずです。そんな状況の中で、トップセールスの社員にゴミの片付けをさせている。ゴミの片付けなんて誰でもできることなのに。

私だったら、営業以外の仕事は全部他の人に任せます。ゴミの片付けなどの雑用をしてくれるアルバイトを1日2～3時間雇ってもよいでしょう。そして営業成績トップの社員には営業だけに専念してもらいます。そのほうが優秀な営業担当者の能力をフルに発揮でき、売上も絶対に伸びるはずです。

番組で紹介されていた会社は、もう一つ大きな失敗をしているように見えました。先程登場した成績トップの営業担当者に、「接客時間が長すぎるから削れ」という指示をしていたのです。

しかし、従来のやり方でトップの成績を叩き出している営業担当者のやり方は、接客方法の正解として見るべきですし、むしろそのやり方を他の営業担当者にもシェアしていくべきです。他の営業担当者と同様に、一律に時間を削るよう指示するのはおかしいでしょう。カットするべきなのは無駄な時間、非効率な時間であって、高い付加価値を生んでいる時間を削ることは自殺行為につながりかねません。残業削減という方向性は良いのですが、削るべき時間を見誤ると大変なことになります。他に削るべき無駄なことがたくさんあるわけですから、そちらにメスを入れ、優秀な営業担当者には付加価値の高い仕事、この場合なら接客に専念できる環境を作ってあげることが、**残業削減と売上アップを両立させるポイント**ではないでしょうか。

残業削減した人が損をしない仕組みづくり

その番組で紹介された会社では、「ノー残業手当」や「残業が少ない人ほど賞与が増える取り組み」を導入していました。どちらも、**残業しなかった人に対して手当を支給する**という制度です。

様々な企業が抱えている問題に、残業なしで効率的に働いている人よりも、だらだら長時間働いている人のほうが残業代によって稼げてしまうという矛盾があります。私感では、だらだら働いて稼ごうとする人はどうかと思いますが、制度として残業したほうが稼げるのであれば残業しようとするのは自然な現象と言えます。残業したほうが得する仕組みにしている企業が悪いのです。それに対して、番組に出てきた企業では、残業をしないことで手当がもらえる仕組みを導入し、残業しないほうが得をするようになっていました。これなら、残業をやめようというモチベーションが生まれやすくなります。

残業代前提の生活設計は間違い

番組の中では、今まで稼げていた残業代がなくなった人の苦悩も紹介されていました。この問題もたびたび話題にのぼることがあります。残業代がないと生活が苦しいとか、残業代がなくても生活できるだけの給料を支払えとか、言いたいことはわかります。しかし、当たり前ですが、残業代は必ずもらえる給料ではありません。毎月残業代が確実にもらえるかどうか、なんてわかりません。入ってくるかどうかわからない収入を当てにして生活設計をするのは、危険ではないでしょうか。まるで、ギャンブルで当てることを前提にして生活設計しているようなものです。

残業代を稼ぐおいしさを知ってしまうと、なかなかそこから抜け出せないのもわかります。そういう人たちが効率的に働こうというモチベーションを持つことは、かなり難しいことです。効率的に働いて残業時間が減ってしまったら、収入も減ってしまうわけですから、どうしてもだらだら長時間働くことを選んでしまうのです。

こういう人たちが溢れかえっているのも、無駄な残業が一向に減らない要因の一つだと思います。しかし、そういう考え方を改めていかないと、働き方改革なんてできません。稼ぎたいと思うなら残業時間を増やすという物量作戦ではなく、自分の**時間当たり生産性を高めて単価を上げていく**、つまり、**量より質**の方向にシフトするべきなのです。

業務効率化すれば残業は減るというのは嘘

「残業削減」というテーマで一つの番組ができるくらい、多くの企業での重要な課題となってきている残業問題。この話題が出てくる度に、それに必ず噛みついてくる人たちがいます。彼らの主張は大体以下のようなものです。

・サービス残業が増えるだけだ
・仕事が少なくなっていないのに残業は減らせない
・業務プロセスを改善して業務効率化するのが先だ

こうした主張をする人たちというのは、業務プロセスを改善して**業務効率化すれば残業は減るはず**だと信じていると思われます。業務効率化は確かに必要ですが、実際に残業ゼロを実現したアクシアとしては、「業務効率化さえすれば残業が減る」という考えは相当怪しいと言わざるを得ません。

いくら業務効率化しても残業はなくならなかった

「業務効率化さえすれば残業が減る」という理屈が正しければ、アクシアでも業務効率化に成功した時点で残業は減り始めたはずですが、実際には、いくら業務を効率化しても残業はなくなりませんでした。

アクシアは２００６年に設立され、最初は前述した通り、常駐開発ばかり請け負っていたのですが、２００７年頃からは少しずつ持ち帰りの受託開発を始めました。その後完全に常駐開発からは足を洗い、全て持ち帰りで開発を行うスタイルにシフトしました。

常駐開発をやっていた時には、プロジェクトが炎上し、時間をかければかけるほど会社が儲かってしまうということもあり、**業務効率化への意識はほとんどなかった**、というのが正直なところです。

しかし、持ち帰りで受託開発をこなすようになってからは状況が変わりました。持ち帰りの受託開発は名実ともに普通の請負契約ですので、プロジェクトが炎上すれば赤字になる恐れもあります。逆に、**業務を効率化すればするほど利益が上がるようになった**わけですから、当然のことながら業務効率化へ意識が向くようになります。

また、その頃にはすでに、長時間労働による従業員の疲弊や離職が問題となっていましたので、必然的に業務効率化による残業削減について考えることが多くなっていました。

私が日々書き溜めている過去のメモを見返してみると、２００９年頃から残業削減について考えることが多くなり、業務効率化に取り組むようになっていました。つまりアクシアでは、２００９年から残業ゼロが達成される２０１２年までの、およそ3年間にわたって業務効率化に力を入れて取り組んできたことになります。

では3年間業務効率化に取り組んできたことによって、その効果が表れて徐々に残業が減っていったのでしょうか。答えは「ＮＯ」です。残業は全く減りませんでした。残業ゼロになったのは２０１２年10月の残業ゼロ宣言以降です。ある日突然残業ゼロにしたのであって、その直前の9月末までは、変わらず毎日終電、毎週休日出勤の日々を過ごしていました。本当に様々な取り組みをしてきましたが、**3年の間は全く残業が減らなかった**のです。

業務効率化をしても残業が減らなかったのはなぜか

以前のアクシアと同じように、残業削減するために必死になって業務効率化に取り組んでいるのに、なかなか成果として表れず悩んでいる会社は多いと思います。

なぜ、業務効率化に取り組んでも残業が減らなかったのでしょうか。実は、本当に簡単な話です。**業務効率化によって空いた時間に、別の仕事を入れてしまっていたから**なのです。

「え、そんな当たり前のこと？」と思う方もいらっしゃるでしょうが、心当たりのある方も多いのではないでしょうか。

アクシアでは、業務効率化のために本当にあれこれ取り組んできましたし、業務効率化という点だけで見れば効果もあったのです。無駄な会議や資料を廃止したらすぐに空き時間は生まれましたし、ソースコードを自動生成できるプログラムの開発に成功してからは、製造時間の大幅な短縮にも成功しました。マニュアル作成や教育によって仕事を標準化することで、一部の人に偏っていた仕事の負荷分散にも成功しました。当時の私は、「業務を効率化し続ければいつかは残業がなくなるはずだ」と勘違いをしていました。そこには大きな見落としがあったのです。その見落とし、それは、**「会社の仕事は無限にある」**ということです。

どんな仕事でも、どんな会社でも、一部の例外を除き、暇で暇で仕方がない、などという会社はありません。一つ仕事を片付ければ、新しい仕事が次から次へと湧いて出てきます。

ソフトウェアの会社で言えば「時間があれば社員の教育を行いたい」「時間があれば自社開

発を行いたい」など、多くの会社が考えているのではないでしょうか。そして実際に、少しでも時間が空けば、こうした「時間があればやりたかった仕事」に次々と取り組むことでしょう。せっかく業務効率化して既存の仕事の労働時間を短縮したのに、空いた時間にまた別の仕事を詰め込むようになり、労働時間は減らず、また長時間労働に陥ってしまう……。

効率化 ↓ 空き時間ができる ↓ 別の仕事を詰め込む ↓ 長時間労働

このように、効率化しても、結局また元の長時間労働の状態に戻っていき、この後はずっと負の無限ループです。アクシアでは残業ゼロを突如宣言するまでの3年間、この無限ループから抜け出すことができませんでした。会社というものは、基本的に売上を上げる必要がありますが、売上には上限がありません。だから、どこかで線引きをしないと、「365日24時間死ぬまで働け」ということになってしまうのです。

期限を決めることはなぜ大事なのか

「パーキンソンの法則（PARKINSON'S LAW）」というものを聞いたことはありますか？

イギリスの政治学者、歴史学者であるパーキンソン氏が１９５５年にエコノミスト誌上で発表した法則ですが、そのポイントは以下の言葉で表現されています。

"work expands so as to fill the time available for its completion"

「仕事とは、仕事を終えるまでに使える時間は全て使い果たすまで増えていくものだ」

（出典：The Economist "Parkinson's Law" 著者訳）

時間が与えられていると、与えられただけ時間を全部使ってしまうほど、仕事には終わりがないということですね。

もう一つ例をあげてみましょう。あなたは毎朝7時に起きて、8時に家を出て出社しています。朝起きて家を出るまでの準備時間は1時間です。では、あなたが、たまたま寝坊して7時

30分に目が覚めたらどうなるでしょうか。ほとんどの人が30分遅刻するか、というと、そうでもありません。多くの人はいつも1時間かけて行っている準備を、超特急で30分で終わらせて出勤するのではないでしょうか。

デッドラインが決まっていると、そこに合わせて行動するようになります。納期が決まっているから納期に間に合わせようと必死になってがんばります。納期直前の集中力や瞬発力はものすごいですよね。でも逆に考えると、納期直前以外は全力を出し切っていないということでもあります。あえて意地悪な言い方をすれば、納期直前以外は無意識にサボっているというわけです。逆に納期が決まっていない仕事はどうなってしまうのでしょうか。完成のために与えられた時間が無限にあるわけですから、**使う時間も無限**になってしまいます。そうするといつまでたっても仕事が完成せずに、いつの間にか放置されて忘れられてしまう、なんてこともあり得ます。私にも、期限を設定せずに仕事を割り振って、このような状況になってしまった経験があります。

毎日終電まで仕事をしている人は確かに忙しいのですが、どんなに忙しくても、不思議なことに大抵の場合は終電までには帰っていきます。アクシアでも、2012年までは毎日のように終電まで仕事をしていましたが、それでも終電を逃すようなことは滅多にありませんでした。

それは自分たちの中で、いつの間にか勝手に毎日のデッドラインを「終電の時間」に設定していたということです。だから、毎日終電の時間に合わせて仕事が終わるようにペース配分するようになってしまっていたのです。

会議の時間についても同じことが言えます。よく時間を決めて会議をしろ、と言われます。時間を決めていないと、いつまでもだらだらと続いてしまうこともありますが、あらかじめ時間が決まっていると、大抵の場合は決められた時間までに終わるものです。

ですから、残業を減らすためには、業務を効率化するだけでなく、ここまでしか働けないという**「期限」**、つまり一日の終業時間や、仕事の納期をしっかりと決めることが必須なのです。

一番大事なことはリーダーの意思決定だった

とはいっても、業務効率化はもちろん重要です。残業削減するために絶対に必要な事項です。業務効率化した上で残業を削減するにはどうすればよいか。答えはただ一つ。リーダーが**「残業をやらない」と決めること**です。リーダーの意思がなければ、いくら業務効率化を進めたところで残業はなくなりません。アクシアが２０１２年９月まで残業まみれのブラック企業だったのにもかかわらず、２０１２年10月から突然残業ゼロを実現できたのは、私が残業を絶対にやらないと決めたからです。逆にその前の3年間、業務効率化の取り組みを必死になって進めてきたのに残業をなくすことができなかったのは、私が**「残業をやってもよし」**としていたからです。前述の通り、会社の仕事は無限にあり、売上にも上限はありません。だからどうしても、できる限りの仕事を詰め込みたくなってしまうのです。

私が残業をやらないと決めてからは、組織全体の仕事の進め方が変わりました。それまでは「残業をしてもよい」という前提があったので、従業員もその前提に従って仕事をしていました。顧客から多少無理なスケジュールや仕様の変更を要求されたとしても、残業でカバーできる範囲内であればそのまま受けてしまっていました。あるいは、多少スケジュールに遅れが出始めていても、残業でカバーできる範囲内であれば特に気にすることもありませんでした。

残業禁止にしてから数ヶ月の間は、それまでに染み付いた残業前提の働き方の習慣が抜けず、無茶なスケジュールや突然の仕様変更の要求をそのまま呑んでしまっていました。そのため、「残業させてください」と言ってくる人が後を絶ちませんでした。しかし、私は絶対に残業は許可しませんでした。そのうち、「どうやら本当に残業させてもらえないらしい」ということが従業員たちの間に浸透するようになり、それからは彼らの仕事のやり方もどんどん変わっていきました。たとえば、無茶なスケジュールの要求があった場合、工数を計算して物理的にどうしてもできないものは顧客に「できない」と伝えるようになりました。今のアクシアにとっては当たり前のことなのですが、ＩＴ業界全体を見ると、これができていないことも長時間労働が解消されない大きな原因の一つです。

また、私が「残業はやらない」と意思決定したことによって、それまで社員の無意識のデッドラインが「終電」となっていたのが、「定時」に変わりました。デッドラインが定時になっていれば最初からそれを前提とした働き方をするものです。業務効率化は大事ですし、アクシアが一気に残業ゼロを実現できたのは、それまで3年間行ってきた業務効率化への取り組みがあったからというのも事実です。ですが、どんなに業務効率化だけ進めたところで、デッドラインを定時に設定して、それに合わせて仕事の分量を調整しなくては、結局残業はなくなりません。その意味で、**業務効率化さえすれば残業が減るというのは「嘘」**なのです。

現場を知らない評論家の人は、業務プロセスを改善して業務効率化をすれば残業が削減されると嘘を言いますが、それは従来の業務量が変わらないものとして、単純に業務効率化により業務時間がどれだけ減るかを算数で計算しただけです。実際の仕事の現場は、そのようには動いていないのです。

ブラックな要求は断らないといけない

残業を求めてくる顧客はブラック企業

「残業をゼロにしました」と言うと、「それだとクライアントは怒りませんか？」という質問もよく受けます。そういう時には、「怒るクライアントもいましたが、そういうクライアントは間違いなくブラック企業なので、縁が切れても大丈夫です」と答えます。

以下のエン・ジャパンの調査によると、中小企業の残業発生の一番の原因となっているものは、**「取引先からの要望（納期など）にこたえるため」**とのことです。やはり、顧客からの無茶な要望を何とかしていかないと、残業問題は解決できないのです。

残業が発生する主な原因は何ですか？（企業規模別）

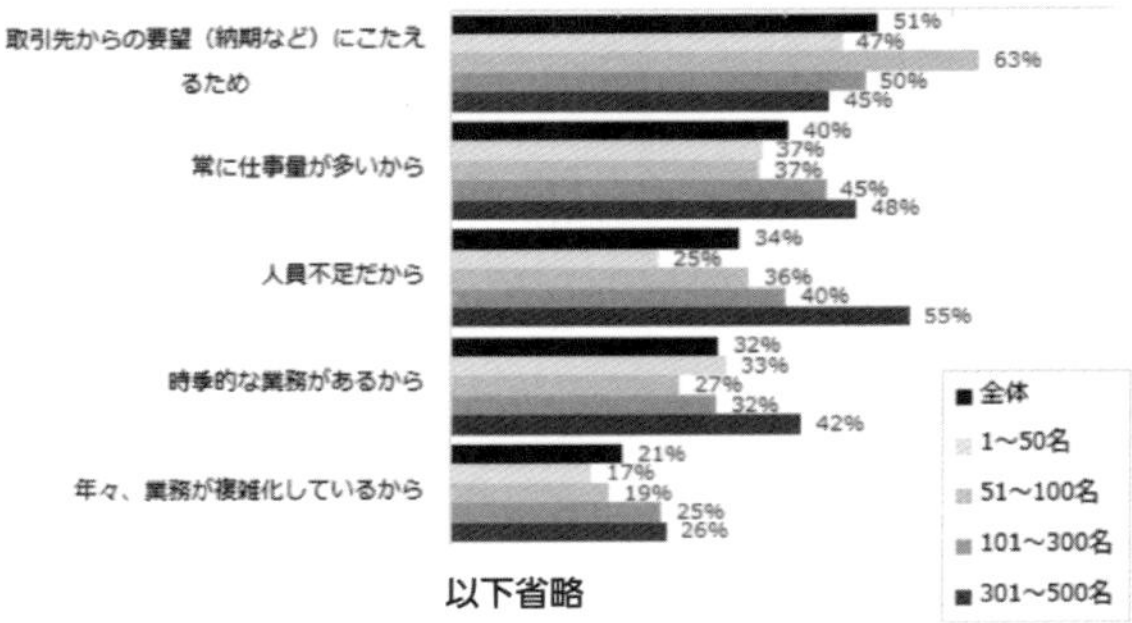

出典：エン・ジャパン株式会社「中小企業の残業」実態調査

ブラックな体質は感染していく

以前、企業コンサルタントの永江一石さんのブログでアクシアをご紹介いただいた時に、永江さんがこんな言葉を書かれていました。

「ホワイト企業はホワイトな客と取引し ブラック企業はブラックな客と取引する」

残業ゼロになる過程を思い出すと、本当にその通りでした。ブラックな体質というものは、まるで**ウィルスのように周りに感染**していくのです。ブラック企業から無茶な要求をされ、そのまま受けてしまうと、その要求に応えるために自社の従業員に無茶な働き方を要求しなければいけなくなります。つまり、自社もブラック化してしまうのです。まさに、ブラック体質はウィルスのようなものです。

そのウィルスの感染経路は「会社から会社へ」だけではありません。「社員から社員へ」も感染します。会社に社畜がいると、だらだら働く雰囲気や、残業しなければいけない雰囲気が社内に蔓延していきます。そんな人が出世し、上司になったりしたら、誰も逆らえずに全員がブラックウィルスに感染することになってしまうのです。

それに対して、**ホワイト企業は決して顧客からの無茶な要求を受けません。**そうすると、自社の従業員に無茶な要求をしなくて済みます。その結果、ブラック企業との取引は長続きしませんが、ホワイト企業にとってはブラック企業と疎遠になれるのは悪いことではありません。**残る顧客は良質なお客さんばかり**になるからです。これが「ホワイト企業はホワイトな客と取引しブラック企業はブラックな客と取引する」メカニズムです。

ブラックな要求は断るべき

これまで書いてきた通り、**理不尽な要求をそのまま受けるのはやめるべき**です。これをしている限り、ブラック企業の息の根を止めることができないどころか、自らもブラック化してしまいます。そうなると、無茶な要求を「無茶だ」と感じることすらできなくなるのが怖いところです。たとえば金曜日の夕方に「月曜日の朝までに対応お願いします」といった要求を受けた時には、きっぱりと「それは無理です」と断ってよいのです。この要求を呑んだ時点で、残業や休日出勤が確定してしまいます。「いいからさっさとやれよ！　お金の問題じゃないだろ」などと言って無償対応を求められたり、無償と言わないまでも理不尽に安い金額で対応を求められたりした時には、毅然とした態度で断りましょう。

しかし、みなさんの中には「断ったりしたら仕事が減ってしまうのでは？」と恐れを感じる方もいらっしゃることと思います。実際、よくこんな質問を受けます。

「障害対応や問い合わせ対応が発生した時、残業ゼロをどうやって守るのですか？」

私の答えは以下の通りです。障害対応はともかく、問い合わせ対応に関しては、残業してまで対応する必要はありません。アクシアでは、営業時間内を対象とした保守契約しか結びませんし、契約前にクライアントにもそのように説明して納得していただいています。どうしても24時間対応してもらわないと困るというお客様には、正直に「弊社では無理なので、他社と契約してください」とお伝えします。24時間体制を構築しようと思ったら、それなりのコストがかかってしまいます。

大事なことは、**自社にできる範囲とできない範囲を明確に把握し、それをきちんと顧客に説明して納得してもらうこと**です。それ以上の要求は契約範囲外となりますから、少なくとも無償で受ける必要はありません。ブラックな要求はきちんと断らないとブラックウィルスの蔓延を助長することになります。勇気を持って、きちんと断りましょう。

理不尽な要求をしてくる顧客は世の中のために撲滅しなければならない

とはいえ、実際には担当エンジニアが顧客からの要求を断るのは難しいと思います。上司や営業が顧客からの理不尽な要求をきちんと断ってくれないために苦しんでいるエンジニアが、世の中には大勢いるに違いありません。

会社としては売上を落としたくないので、責任ある立場の方が、たとえ理不尽であったとしても顧客からの要求を断れない気持ちはよくわかります。アクシアも昔は、目の前の売上欲しさに顧客からの無茶な要望を聞き入れて、その結果炎上するということを繰り返していました。

しかし、とんでもない要求をしてくる顧客に遭遇した時には、やはり毅然とした態度で臨む必要があります。理不尽な要求をされた場合には、決して要求を受け入れてはいけません。一度要求を呑んでしまうと、その先も要求を呑み続けるはめになります。それに、このような理不尽な顧客は世の中のためになりませんから、こうした態度をいつまでも改めない顧客は、力を合わせて壊滅させていかなければなりません。

では、どのように顧客からの要求を断ればよいのでしょうか。随分前に、契約直前で断った案件があります。その時には、社長の私の名前で、このような文面で断りました。

貴社ＸＸＸのシステム改修の件でお話を進めさせていただいておりましたが、恐れ入りますが貴社とプロジェクトを成功に導くことは困難と判断いたしまして、この度の案件を辞退させていただきたく思います。

私は先日からのお話の中で、部分的であったとしても11月1日にリリースさせることは不可能とＸＸ様に何度もはっきりとお伝えしてきました。それにもかかわらず今朝のＸＸ様からのお話は、何としても11月1日にシステムをリリースさせてくださいという、弊社の申し出が全く無視された内容でした。システム開発は簡単なものではなく、プロジェクトを成功に導き、お客様に支払った料金分以上の利益を十分に享受していただくためには、お客様と開発会社の間での強固な協力関係が不可欠となります。

弊社側の主張が無視されてしまうような対等とは言えない関係では、弊社の経験上プロジェクトを無事成功させることは非常に困難であり、両社にとって良い結果とはなりません。

大変遺憾ながら上記理由により、この度のお話は辞退させてください。

このように、いかに無茶なことを言う顧客相手であっても、単に取引を断るだけでなく、なぜ顧客の要求を受け入れられないのか、理由を伝えるようにしています。

無茶な要求を受けると負のスパイラルに陥っていく

顧客からの無茶な要求を受けると、どんどん負のスパイラルに陥っていきます。目の前の売上が欲しいからといって安易に理不尽な要求を受けることは得策ではありません。長い目で見れば絶対に損をすると思います。顧客の理不尽な要求を受けるためには、自社の従業員に理不尽な要求を突きつけなければならなくなります。具体的には、従業員に残業や休日出勤を要請しなければならなくなるでしょう。あるいは、残業や休日出勤は何とかやらずに通常の営業時間内のみで対応を行ったとしても、理不尽な要求をこなす時は、大抵は売上が発生しなかったり、異常に利益が低い状態で作業を進めなければならなくなりますから、従業員に分配できるお金は少なくなってしまうでしょう。

このように、顧客からの理不尽な要求を受け入れるということは、自社の従業員に理不尽な要求を行わざるを得ず、従業員の不満につながります。従業員の不満は、目に見えないところで長期的に様々な悪影響を及ぼしてしまいます。

また、一部の顧客が理不尽な要求をしてくると、そこに膨大な時間をつぎ込まなければならなくなりますから、本来時間を投入するはずだった他の大多数の顧客に使える時間が少なくなってしまいます。そうすると他の優良な顧客の満足度が下がってしまうかもしれません。

　こうした負のスパイラルは、実際にアクシアが過去に経験してきたものです。顧客からの無茶な要求を受け入れてしまう会社で働いていらっしゃる方は、このような負のスパイラルを実感されている方が多いのではないでしょうか。

一つ無茶を言う顧客は他でも必ず無茶を言う

　無茶なことを言ってくる顧客の質の悪いところは、その一件に限らず、他でも必ず無茶を言ってくるところです。無茶を言われるのはその一回だけだとは思わないことです。一度理不尽な要求を受け入れてしまうと、「この会社にはこういう要求が通るんだ」と思わせてしまいます。そうすると二度、三度と理不尽な要求が繰り返され、今後それがずっと続くことになります。こういう顧客を調子に乗らせてはいけません。

　こういう理不尽な顧客に限って、善意で無茶な要求を受け入れたりすると、それによって後で何か問題が起きた時には、猛烈なクレームをつけてきます。そのうえ、それをネタにさらなる無茶な要求をしてきます。何とか無茶な要求に応えたところで売上や利益に貢献しない上に、感謝すられませんので、決して受けてはいけません。

相手が顧客だからといって、人として自分より偉いというわけではありません。顧客に対して礼儀はわきまえるべきですが、卑屈になる必要はありません。もちろん、**良い仕事をするためには顧客と対等な立場でなければならない、**というのが私の信条です。

売上が欲しいからこそ無茶な要求は断らなければならない

顧客から無茶な要求をされた時に、「その要求を断ってしまえば、もしかしたら取引を切られてしまうかもしれない」という恐怖がありますよね。営業を経験したことのある方なら誰しも感じたことがあると思います。私もかつてそうでしたから、よくわかります。

取引が見合わせになってしまうと売上が落ちてしまう。売上を落とすようなことはやりたくない。だから一部の顧客からの無茶な要望も受けてしまう。それによって理不尽な思いをする従業員には、会社の売上のために我慢してくれと頭を下げる。気持ちはとてもよくわかるのですが、実はこれは間違いです。本当は、**売上が欲しいからこそ無茶な要求は断らなければならないのです**。私自身も、ずっと後になってからそのことに気付きました。

無茶な要求をしてきて膨大な時間を無駄に吸い取る顧客は、ごく一部だけのはずです。逆に、会社に大きな利益をもたらしてくれる優良顧客もごく一部であったりします。「パレートの法則（全体の数値の大部分を生み出しているのは全体の２割の要素だという法則）」の通りです。

ですから、わがまま放題の理不尽な顧客がいたとしたら、その顧客とは取引をやめたほうが良いのです。その不良顧客を切ることで、それまでその顧客に費やさなければならなかった膨大で無駄な時間を節約できるようになり、**その時間を優良顧客のために投入できるようになる**からです。

優良顧客は元々売上や利益率が高いことが多いのですが、さらに時間を投入して顧客サポートの質を上げることで、ますます売上アップにつながります。理不尽な要求ばかりしてくる顧客に時間を使うよりも、**何倍も売上・利益の上昇につながる**わけです。

目の前の顧客や売上の機会を失うのは、確かに営業サイドとしては怖いことですが、その顧客の要求を受けることによって失う時間のことも無視してはなりません。その時間があれば、もっと売上を上げられる顧客に時間を使うことができるようになることを理解しなければなりません。売上が落ちるのが怖いから無茶な要求を受けるのではなく、売上が欲しいからこそ無茶な要求は断るべきです。

顧客の無茶な要求を断るのは上司の責任

「そんなこと言われても顧客が目の前にいるのに断ることなんてできない」という人は大勢いるでしょう。普通は断れないものです。では、誰が断らなければならないかというと、それをやるべきは上司です。**無茶な顧客の要求を断るのは上司の責任**です。いくら部下に「無茶な顧客は断っていいよ」と言ったところで、一般の従業員には荷が重すぎるのです。

あなたが一従業員の場合、理不尽な要求をしてくる顧客がいたら、そのことを上司に報告する義務はあるでしょう。上司はその報告を受けて、長い目で見た時に会社の利益にならないと思ったら、上司の責任において理不尽な顧客の要求を断るべきです。こういう時のために、上司は権限も責任も持っているのです。権限のない部下に「理不尽な顧客を断る」などという重荷を背負わせるべきではありません。

理不尽なモンスター顧客が登場した時こそ、上司の出番です。

顧客が取るべき責任は顧客に取らせよ

顧客が、システムの打ち合わせも済んでいないのに、そのシステムの稼働日をプレスリリースで発表している、なんていうケースもあります。顧客が理不尽なスケジュールを要求してくる場合は、大抵の場合このようなケースです。もうすでに顧客の社内で動かせないスケジュールが確定してしまっていて、そのツケを外注先に押し付けようとしてくるのです。それが理不尽なスケジュールの要求となって表れます。

顧客側にも事情があることはわかりますが、そんなことは私たちにはコントロールしようがないですし、その責任を理不尽に押し付けられても困ります。顧客自身が決めたスケジュールに問題があったとすれば、その責任は顧客自身が負うべきでしょう。外の会社に自らの不手際の責任を代わりに取らせるなんて、おかしな話です。この場合、恥さらしかもしれませんが、世の中にもう一度プレスリリースを出して、再度適切なサービス稼働日を通知すればよいわけです。これが、顧客自身が取るべき責任です。

顧客が取るべき責任を自分たちが代わりに負う必要はありません。理不尽な要求はきちんと断り、顧客自身に責任を取っていただきましょう。

ブラックな顧客はみんなで断ろう

勇気を出してブラックな要求を断ったけれど、結局他の会社がその無理な要求を呑んで受注してしまう……。それではダメなのです。一部の会社がそうやって理不尽な要求を断るだけでは、結局他の会社に無茶な要求が流れていくだけになってしまい、この構造は変わりません。

世の中から理不尽な要求をしてくるブラック企業を撲滅させるためには、一部だけではなく、**世の中全体で理不尽な要求を断っていく**ということが必要となります。そうしないといつまでたってもこうしたブラック顧客が地上を徘徊し続けることになってしまいます。

世の中から理不尽な要求をしてくるブラック顧客を駆逐するためにも、皆で足並みをそろえて、理不尽な要求は勇気を持って断っていくようにしましょう。

第4章

あなたの会社でもできる！残業ゼロへの4ステップ

第3章で、残業ゼロへの正しい取り組み方について説明してきましたが、いかがでしたでしょうか。もちろん、今すぐ取り組むにはハードルの高いものもあるかもしれませんが、その場しのぎの解決でなく、根本的に残業をなくしていくために必要な取り組みを紹介してきました。

さて、ここまで読んでいただき、勇気ある一歩を踏み出してみようと思ったみなさんに向けて、本章では、明日から役立つ、残業ゼロに向けた、より具体的な手順をお伝えしていきましょう。

まずは、一つ質問させてください。

「その仕事は、本当にあなたでないとできない仕事でしょうか？」

残業をゼロにすることの第一歩は、「これは本当に自分にしかできない仕事なのか」と突き詰めて考え抜く作業です。

私は、アクシアの残業ゼロを達成する前に、以下の4つのステップを踏みました。

1. 仕事の見える化

2. 仕事をなくす

3. 仕事の自動化

4. 仕事の標準化

アクシアでは、あらかじめこの４つに力を注ぎ、徹底的に業務が効率化されていたからこそ、経営者である私の「残業ゼロ宣言」と同時に残業ゼロを達成することができたのです。

では、これらのステップをもう少し詳しく見ていきましょう。

残業ゼロへのステップ1．仕事の見える化

業務効率化の取り組みの中で最も重要なのが、**仕事の「見える化」**です。これができていないと話にならない、と言っても過言ではありません。では、そもそも「見える化」とは一体どういうことでしょうか。

「見える化」とは

少し前に、「レコーディング・ダイエット」というダイエット法が流行しましたね。自分が毎日何を食べているのか、間食も含めて記録することで、「こんなにも余計なものを食べてい

るのか！」と認識し、反省して、食べる量が減り、結果として痩せることができるというもの。これも「見える化」の一つです。会社で改善したい点がある時も、レコーディング・ダイエットと同じことを行います。つまり、残業を減らすことが課題なら、誰がどれくらい、何のために残業をしているのかを、まず「見える化」しないと、対策の立てようがないのです。

もちろん、アクシアでも「見える化」を実践しています。従業員全員が自分の生産性を見て取ることができるようにしているのです。では、何を「見える化」すればよいのでしょうか。アクシアの例をご紹介します。

●アクシアが「見える化」したもの①：営業状況

アクシアでは、各社員の営業状況を「見える化」するために、顧客の情報や商談の経緯などの情報を共有する、いわゆる顧客管理システム、ＣＲＭなどと呼ばれるシステムを導入しました。これは、すでに多くの企業が導入していると思います。もし、あなたの会社がこうしたシステムを導入しておらず、顧客のリアルタイムの情報が営業担当者の手帳の中にしかないようであれば、かなりまずい状況だと思ったほうがよいかもしれません。フリーランスなど、一人で仕事をしている場合には手帳でも構いませんが、組織で仕事をしている場合には、システム化を強くおすすめします。

アクシアでは、**顧客管理システムを導入しただけで、顧客数や売上が増えました。**理由は簡単です。顧客管理システムが導入されていなかった時には、全ての顧客情報が「見える化」されておらず、見込みがあるにもかかわらず営業担当者の手帳の中だけで眠っていた顧客情報がたくさんあったからです。システムを導入していなければ、これらの顧客情報はいまだに眠ったままだったことでしょう。大変もったいないことです。

恥ずかしながらアクシアも、創業当時はソフトウェアの会社であるにもかかわらず、顧客情報をエクセルでしか管理していませんでした。営業担当者の間で最新の情報が一切共有されていなかったのです。

顧客情報や営業状況が共有されていないと、せっかく優良見込み顧客があったとしても、営業担当が面倒だと思ったら放ったらかしにされてしまいます。人間は誰からも見られていない状況にあると、他に用事があって忙しい時や、面倒だと思った時には、どうしても手を抜いてサボってしまうのです。これはごく普通のことです。

しかし、顧客管理システムが導入されて、全ての営業状況が「見える化」されていると、そうはいきません。周りの人たちにも営業状況が明らかになりますので、サボってしまうと周囲に一目瞭然になってしまうのです。また、サボるつもりはなくても、「見える化」されていないと、うっかり担当顧客のことを忘れてしまうこともあります。**人間は忘れる生き物です。**時にはうっかり顧客に連絡することを忘れてしまうこともあって当たり前です。この時、営業状況が「見える化」されていれば、忘れるということを防止することもできますし、**周りがフォローすることもできる**ようになります。

このように、顧客管理システムを導入してからは、それまで取りこぼしてしまっていた見込み案件を検知できるようになり、事前に**取りこぼしを防止**できるようになりました。結果として、顧客数と売上が伸びたのです。

システム開発の場合、営業コストというのはそれなりにかかるものなので、営業の取りこぼしをなくすことは、ただちに**無駄の削減**につながりました。より短い労働時間でも、前と同じ、もしくはそれ以上の売上を上げることができるようになる下地ができたのです。

●アクシアが「見える化」したもの②：生産性

残業ゼロをスタートする前から、私は何とかして**社員の生産性を「見える化」**したいと考えていました。まずは表計算ソフトで集計してみたのですが、毎日その集計作業だけで1～2時間はかかってしまいます。そこで、これを自動化すべく、約2ヶ月の初期構築期間をかけて、「生産性管理システム」を開発しました。

そのシステムでは、社員が一日の業務終了時に日報を登録すると、自分の生産性が数値で表されるようになっています。プロジェクト全体の売上目標金額が登録されており、自分が具体的に、どのくらいの売上に相当する成果を生み出したのかが、ひと目でわかるようになっているのです。下のサンプルでは顧客管理システム構築プロジェクトを3人のプロジェクトメンバーで進行しています。「このプロジェクトは安全に納品が可能か」「プロジェクトメンバーの生産性はどれくらいか」が可視化されている様子を示しています。

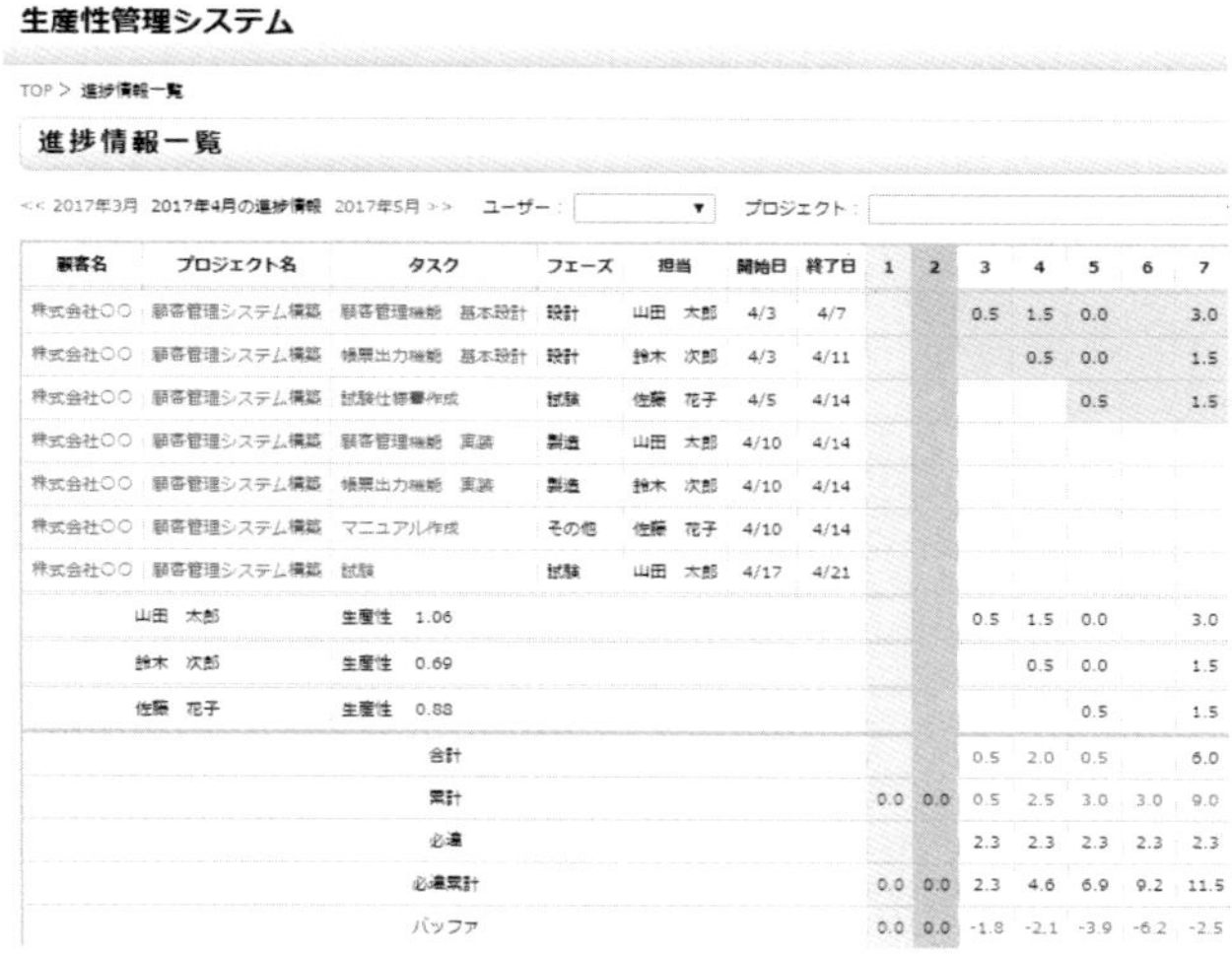

生産性管理システム

TOP > 進捗情報一覧

進捗情報一覧

<< 2017年3月　2017年4月の進捗情報　2017年5月 >>　ユーザー：　プロジェクト：

顧客名	プロジェクト名	タスク	フェーズ	担当	開始日	終了日	1	2	3	4	5	6	7
株式会社○○	顧客管理システム構築	顧客管理機能　基本設計	設計	山田　太郎	4/3	4/7			0.5	1.5	0.0		3.0
株式会社○○	顧客管理システム構築	帳票出力機能　基本設計	設計	鈴木　次郎	4/3	4/11				0.5	0.0		1.5
株式会社○○	顧客管理システム構築	試験仕様書作成	試験	佐藤　花子	4/5	4/14					0.5		1.5
株式会社○○	顧客管理システム構築	顧客管理機能　実装	製造	山田　太郎	4/10	4/14							
株式会社○○	顧客管理システム構築	帳票出力機能　実装	製造	鈴木　次郎	4/10	4/14							
株式会社○○	顧客管理システム構築	マニュアル作成	その他	佐藤　花子	4/10	4/14							
株式会社○○	顧客管理システム構築	試験	試験	山田　太郎	4/17	4/21							
	山田　太郎	生産性　1.06							0.5	1.5	0.0		3.0
	鈴木　次郎	生産性　0.69								0.5	0.0		1.5
	佐藤　花子	生産性　0.88									0.5		1.5
		合計							0.5	2.0	0.5		6.0
		累計					0.0	0.0	0.5	2.5	3.0	3.0	9.0
		必達							2.3	2.3	2.3	2.3	2.3
		必達累計					0.0	0.0	2.3	4.6	6.9	9.2	11.5
		バッファ					0.0	0.0	-1.8	-2.1	-3.9	-6.2	-2.5

進捗数値は日報登録時に各担当者がシステムに進捗状況を登録します。
進捗状況を登録すると自動的に実績数値が計算され、先のスケジュールについての１日あたりの生産予定が自動的に計算されます。

プロジェクト：　フェーズ　完了タスク

担当	開始日	終了日	1	2	3	4	5	6	7	8	9	10	11	12	13	14
山田　太郎	4/3	4/7			0.5	1.5	0.0		3.0							
鈴木　次郎	4/3	4/11				0.5	0.0		1.5				3.0			
佐藤　花子	4/5	4/14					0.5		1.5				0.0	1.5	0.8	0.8
山田　太郎	4/10	4/14										0.5	1.5	1.5	0.8	0.8
鈴木　次郎	4/10	4/14										0.5		0.0	2.3	2.3
佐藤　花子	4/10	4/14										0.5	0.0	3.0	0.8	0.8
山田　太郎	4/17	4/21														

	プロジェクト名	タスク	フェーズ	担当	開始日	終了日	1	2	3	4	5	6	7
○○	顧客管理システム構築	顧客管理機能　基本設計	設計	山田　太郎	4/3	4/7			0.5	1.5	0.0		3.0
○○	顧客管理システム構築	帳票出力機能　基本設計	設計	鈴木　次郎	4/3	4/11				0.5	0.0		1.5
○○	顧客管理システム構築	試験	試験	山田　太郎	4/17	4/21							
	山田　太郎	生産性　1.06							0.5	1.5	0.0		3.0
	鈴木　次郎	生産性　0.69								0.5	0.0		1.5
	佐藤　花子	生産性　0.88									0.5		1.5

１日あたりの生産性がリアルタイムに可視化されます。チーム全体の状況把握に加え、各自の生産性に対する意識付けの効果も期待できます。

タスク	フェーズ	担当	開始日	終了日	1	2	3	4	5	6	7	8	9	10
顧客管理機能　基本設計	設計	山田　太郎	4/3	4/7			0.5	1.5	0.0		3.0			
帳票出力機能　基本設計	設計	鈴木　次郎	4/3	4/11				0.5	0.0		1.5			
合計							0.5	2.0	0.5		6.0			1.5
累計					0.0	0.0	0.5	2.5	3.0	3.0	9.0	9.0	9.0	10.5
必達							2.3	2.3	2.3	2.3	2.3			2.3
必達累計					0.0	0.0	2.3	4.6	6.9	9.2	11.5	11.5	11.5	13.8
バッファ					0.0	0.0	-1.8	-2.1	-3.9	-6.2	-2.5	-2.5	-2.5	-3.3

１日あたりに生産すべき数値を元に日々の生産が十分なのか、どれくらい不足しているのか、が可視化されているので、プロジェクトの運営にすぐにフィードバックできます。

●アクシアが「見える化」したもの③：スケジュール

システム開発のプロジェクトでスケジュールが引かれることは普通のことです。

スケジュールの「見える化」というと、一般的には、どのタスクは誰が担当で、いつまでに実施という内容を「見える化」するイメージだと思いますが、アクシアの社内システムのスケジュール機能では、もう少し他の情報も「見える化」されています。

アクシアの社内システムでは、**タスクごと、日ごとに消化しなければいけない工数**が自動計算されてスケジュール表に反映されるのです。誰が、どのタスクを、何日に、どれだけ消化する必要があるのかを、全部数値で見て取れるようになっています。

このスケジュール機能を使うには、まず、プロジェクトのゴール日時を登録します。たとえば10日間での納品を目指すならば、この日はここまで進めるべき、という進捗目標がすぐに見てわかるようになっているのです。

そして、日報システムで進捗を登録すると、その日の実績進捗の数値を踏まえて、翌日以降の日ごとに必要な生産数値が自動で再計算されるのです。**翌日以降の生産数値が見えること、**これが大変重要です。

プロジェクトが順調に進んでいる時には、**このままのペースで進めていけば納期までに問題なくスケジュールを消化できる**ということが、客観的な数値データで全員に「見える化」されています。逆に、今日の作業に問題が生じて、生産数値が上がらなかった場合、今日生産するはずだった分は明日以降のスケジュールに自動的に反映されます。その日の日報を登録した瞬間に、明日以降必要な生産数値がわかりますので、「納期に間に合わなさそう」などの問題があれば、このタイミングですぐに把握することができます。

このあたりの数値が細かく徹底管理されていないと、どうなるでしょうか。「今日かなりがんばって進めたけど、このペースで納期までに間に合うかどうかはわからない」という状況になってしまいます。だから、実際には順調に進んでいるのにもかかわらず、本人はこのペースで納期に間に合うかどうかの確証が持てず、不安だから念のため残業してがんばってしまうのです。そして長時間残業して疲労がたまり、非効率化の悪循環に陥っていきます。システム開発の現場ではよくある話です。

スケジュール管理で大切なことは、このままのペースでいけば納期に間に合うのかがわかることと、もし問題があればできるだけ早いタイミングで検知できることです。これらの情報がわかるようになっていなければ、そのスケジュールは単に線を引いているだけで、活用できない無意味なものになってしまいます。

このシステムの導入前は、自分がプロジェクトという山の何合目まで登ってきたのかがわからないまま闇雲に働いていた社員たちが、「今、山の5合目だから、このままのペースで行けば大丈夫だな」「今日で7合目だとちょっと遅れているな。より集中していかねば」と、**自分の進捗具合を意識しながら作業できるようになった**のです。

さらに、このシステムのお陰で社員同士のコミュニケーションが円滑になりました。誰かの生産性が下がると、社員全員がそれを把握することができます。これは一見プレッシャーにもなるようですが、「彼の普段のペースでこの進捗はおかしい。何か問題を抱えているのかもしれない」と、他の社員がフォローに入ることで、**全員で問題を解決することができる**のです。

前述の通り、実はこのシステムは２０１２年10月に残業ゼロにする前から導入していたものでした。しかし、このシステムが真の力を発揮するのは、あくまで残業ゼロにした後。社員がその日のゴールを「絶対に18時まで！」と意識することで、初めて大きな意味を持つようになったシステムなのです。

●アクシアが「見える化」したもの④：タスク

プロジェクトに関するタスク以外にも、あれこれ発生するのがタスクというもの。アクシアでは、開発プロジェクトでスケジュールに引かれているタスク以外で発生する細かな依頼事項は、口頭やメールで依頼しないことにしています。社内システムにあるタスク管理機能で依頼を出すのです。依頼内容と、誰に依頼するのか、そしてタスクの期日をシステムに登録します。すると、依頼された人が社内システムにログインした時に、画面に依頼されたタスクが表示されるようになっています。また、同様の依頼内容はメールでも通知が行くようになっています。

なぜシステムを通してタスクの依頼をするようにしているかというと、依頼されたタスクを忘れたり、見逃したりしてしまうことがあるからです。何度も言いますが、人間は忘れる生き物です。仮に忘れないようにメモを取るようにしても、メモされた内容はメモを取った人にしかわかりません。また、依頼した側が依頼した内容を忘れるというのも、よくある話です。

そこで、このシステムでは、依頼されたタスクの期日が近づいてくると、メールでアラートが来るようになっています。また、期日を過ぎてしまった場合には、毎日しつこくタスクの対応をするように、メールとシステムログイン後画面の両方で警告するようになっています。

そしてタスクが完了すると、タスクの依頼者に完了通知がメールで届きますので、依頼しておいたタスクがいつ完了したかわかるようになっています。

このシステムを導入する前は、いくら言っても依頼したタスクを忘れる人がいて、イライラしたものです。社長の私の立場だと、タスクが遅延している、というネガティブなことを指摘しただけでも、社内に微妙な空気を生むこともあります。だから、そういう嫌な役割は、人間ではなくシステムに任せるのが最適なのです。

この機能を取り入れてからは、多少期日に遅れることがあっても、いつまでもタスクが放置されるようなことは一切なくなりました。これも「見える化」による効能です。

●アクシアが「見える化」したもの⑤：メール

業務を社員全体が見える状態にする、このために、私がもう一つ徹底したことがあります。それは、**「個人のメールアドレスを使わない」**ということです。アクシアでは、お客様とのやり取りのほとんどを社員共有のメールアドレスで行い、個人のメールアドレスを使うことはほとんどありません。ホームページに公開している問い合わせ用のメールアドレス、および、お客様にお渡ししているサポート用のメールアドレスの２つのアドレスを、それぞれ複数の社員で共有しているのです。もちろん、社内連絡用に個人のメールアドレスは使用しますが、それで外部とやり取りすることはありません。

メールアドレスの共有には、大きく2つのメリットがあります。

まず、**クライアントへの対応スピード**が上がります。たとえば、クライアントから緊急の連絡が入った時に、担当者だけに連絡が行くような形を取っていると、担当者がメールを確認できない場合には対応が遅れてしまいます。しかし、複数の社員が同じメールを一斉に受信すれば、すぐに処置の体制を整えることができるのです。

余談ですが、お客様には、18時以降の対応は別料金であることをお伝えしてあり、ご理解も頂いているため、業務時間外に連絡が入ることは滅多にありません。

メールアドレス共有のもう一つのメリット。それは、**クレームの共有ができる**ことです。個別のメールアドレスにクレームが送られると、社員の中には自分のミスの発覚を恐れ、それを隠蔽し、自力で何とかしようと考える者が出てきます。自分で対処できる範囲ならばまだ良いのですが、時には問題が拡大してしまうこともあります。

第1章で触れましたが、ブラック時代のアクシアでもこのような情報隠蔽が増え、大小様々なトラブルが頻発していました。しかし、共有メールアドレスを導入した現在では、クレームの存在は隠しようがありません。トラブルの火種が小さいうちに消すことができ、お客様からの信頼回復につながります。また、先輩がクレームにどのように対応するのかを若手社員が直接見ることになり、社員の教育にも活かすことができます。会社の生産性が落ちる大きな要因が、障害対応とクレーム対応ですが、情報共有を徹底することで、これを最小限に抑えることができるのです。

仕事が具体的な数値で「見える」環境を作る

ここまでお読みいただき、「自社でシステムを開発できる会社じゃないと、見える化ができず、残業ゼロを達成できないのでは？」と感じた方もいらっしゃることでしょう。確かに、業務効率化するために「見える化」を進めていこうとすると、どうしてもシステム化が必要な場面が多く出てきます。アクシアは開発会社ですので必要なものは自分たちですぐに作ることができますが、予算などの兼ね合いでシステムをすぐに導入できない場合もあると思います。また、そもそも何から始めればよいのかやっぱりわからない、という方もいるかもしれません。

その場合は、**まず「記録すること」から**始めてみてはいかがでしょうか。最初は手書きのメモでも構わないのです。前述したアクシアの生産性管理システムで行っている内容も、最初は手書きのメモからスタートしました。毎日私が一人ひとりの社員の進捗状況を聞いて、メモして回っていたのです。そしてそれをエクセルに入力し、必要な数字をはじき出して、「見える化」していました。しかし、それを人間の手でやると毎日2、3時間かかってしまっていましたし、スケジュールに変更が入った時などは膨大な修正時間が必要でした。だからシステム化したのです。最初からいきなりシステム化しなくても、まずは毎日の残業時間をメモに残すなど、すぐに取り組めるところから、「見える化」を進めてみることをおすすめします。

ここまでを読んで、「ただの自社開発システムの宣伝か」と思われる方もいらっしゃるかもしれません。誤解のないようにお伝えしたいのは、この生産性管理システムでなければならない、ということは決してないのです。同業他社さんでも似たようなシステムを取り扱っているところもあるかもしれませんので、そちらを使っていただいても構いません。様々なツールもあることでしょう。手間はかかりますが、エクセルのような表計算ソフトでも構わないのです。

見える化の３つのメリット

次は、「見える化」のメリットをいくつかご紹介しましょう。

●「見える化」のメリット１．従業員の意識が向上する

「見える化」されると、**従業員の意識が向上**します。なぜなら、自分の状況が客観的に「見える」ようになって、今、どこに問題があって何をするべきかが見えてくるからです。

先程は登山で例えましたが、たとえばマラソンの時に、今自分が何キロ地点を走っているのか、わかるのとわからないのとでは、精神的な負担が全く違います。今どこまで来ていて、あとどれくらいがんばればゴールできるのかわからないと、先の見えない暗闇の中を走り続けるようなものです。これは精神的にかなりつらいはずです。

しかし、今自分が何キロ地点まで来ているかが「見える化」されていれば、今後のペースはどれくらいにすればよいかもわかりますし、何より、あとどれだけがんばればゴールできるのかがわかり、精神的にとても楽になります。

仕事のスケジュールも同じです。先が見えていればがんばれます。炎上プロジェクトになる

と先が全く見えなくなってしまいます。今日どれだけがんばったところで、あと残りどれくらいがんばれば開発が完了するのかが全く見えない状況だと、心が折れてしまいます。

また、今日仕事をものすごくがんばったとしても、それがどれだけの生産数値になったのかがわからないのもつらいものです。それは、成果が見えないつらさです。数日の間はがんばれるかもしれませんが、どれだけがんばってもその成果が自分でわからないとなると、がんばることをやめてしまう人も出てきます。

●見える化のメリット2．マネジメントできるようになる

そもそも、「見える化」されていないと、業務をマネジメントすること自体、難しいものです。業務の状況が見えていなければ、どこに問題があるかもわかりませんし、どんな対策を打てばよいのかもわかりません。地図のないまま大海原に航海に出るようなものです。「見える化」はマネジメントの基本です。たとえば、業務効率化するために生産性を上げたいのであれば、生産性を「見える化」しないと話になりません。そうしないと、何か改善のための対策を打ったとしても、その対策によって実際に改善されたのかどうかが、「なんとなく」しかわかりません。これでは効果的な対策はできません。

●見える化のメリット３．「見える化」されていれば怖くない

どのくらい効率的に働けていないのか。どのくらい無駄が多いのか。そうした現実が露呈してしまう「見える化」に、恐怖を覚える方もいらっしゃると思います。しかし、実際は逆なのです。正しい情報が「見えて」いないことこそが、最も恐ろしい状態なのです。一度はこう感じたことがありませんか？「今日は仕事が順調に進んだような気がするけど、本当のところ、このペースで納期に間に合うのだろうか」。こんな不安を抱えながら仕事をすると、定時で帰ってよいのか、残業してもう少しがんばるべきなのか、判断ができません。心配なばかりに、つい先に進めようと残業してしまいます。残業するから効率が落ちます。こうして悪循環にはまっていきます。アクシアの従業員は、「このままいけば確実に納期に間に合う」ということがわかるから、安心して帰れます。問題があっても早い段階でわかるため、ぎりぎり、あるいはもはや手遅れになってから対処するということが少なくて済むのです。

残業ゼロへのステップ2．仕事をなくす

仕事が「見える化」できたら、次にやることは、不必要な仕事をなくすことです。**「この書類作成は、この会議は、本当に必要だろうか」**というように、それまで当たり前にやってきた仕事も、本当に必要な仕事なのか、チェックしていきましょう。

ブラック時代のアクシアでは、始業時に必ず朝会をやっていました。社員全員で、昨日までの進捗と今日の予定を報告し、持ち回りでその日の担当が「今日の気付き」などを発表したりするものでした。しかし、見直してみると、この朝会は全く必要のないものでした。まず、進捗と予定は、生産性管理システムに明記されているので確認する必要がありません。また、当時何とか社員たちの不満を解消したかった私は、コミュニケーションを深めることが解決の糸口だと思いこみ、朝会をその良い機会と考えていたのですが、それも全くの見当違いでした。

今までやっていたからという理由で、惰性で定例ミーティングを続けていることは、一般的によくあることだと思います。当たり前になってしまっているので誰も特に疑問に思わないわけです。以前は必要だったミーティングでも、状況が変わって今では不要、というケースもあ

りますので、やはり**先入観を持たずに洗い出してみる**ことが必要です。

同じように、他人が見るものだからと丁寧に作りがちな書類も廃止しました。システム開発の現場では、無駄な資料もかなり多いと思います。

システム開発で作成される設計書には、顧客との合意を得るために必要なもの、開発生産性を上げるために必要なもの、運用開始後のシステム保守を行うために必要なものなど、それぞれ目的があるはずです。しかし、中には「それ、なくても何も困らないよね」という設計書が存在していることも多々あります。たまに、無意味にカラフルでオリジナリティあふれるドキュメントを作成するエンジニアもいますが、それらも全部無駄です。そこに時間をかける意味がないのです。

会議や書類を減らすポイントは、**一度やめてみる**こと。そうすると、「なくても問題なく仕事が回っている」というものが案外多いことに気付くのです。

ちなみに、アクシアでは「不必要な仕事」とともに、「不必要な場所」として、喫煙スペースもなくしました。タバコ休憩は、１回10分くらいとしても、数回繰り返すとかなりの時間のロスになります。アクシアでは、残業ゼロにして効率化を図った結果、のんびりタバコを吸っていたらその日の作業が終わらないことに社員たちが気付きました。結果として、勤務中にタバコを吸う者がいなくなりました。その副産物でしょうか、勤務時間外の飲み会などでも誰一人タバコを吸わなくなったのです。

残業ゼロへのステップ3．仕事の自動化

業務を効率化し、残業ゼロにつなげるために、次に行っておきたいこととして、**仕事の自動化**があります。自動化とは、人間が行っているルーティン・ワークを、システムなどを使って自動的に実行できるようにすることです。

まずルーティン・ワークを見つけ出すこと

新しいプロジェクトを始める時などに、毎回必ず繰り返さなくてはならないルーティン・ワークはありませんか。「毎回、同じようなことをやっているなあ」と感じる仕事が、ルーティン・

ワークです。そのルーティン・ワークを極力自動化できれば、作業効率はかなり上がります。１００％同じ作業でなくても、同じような仕事を繰り返している場合には、自動化できる可能性があります。

たとえばアクシアでは、設計書からソースコードを自動生成するシステムを開発しました。

ＩＴに詳しくない方にとってはなかなかピンと来ないかもしれませんが、システム開発というのは、家の建築のようなもので、基礎工事、柱や壁や屋根などの骨組み、外装、といったように、様々なパーツに分けて考えることができるのです。アクシアで開発した「ソースコード自動生成システム」は、家の図面を書いただけで、基礎工事部分から、骨組み、外装部分など、標準的な家に必要な部分が、ぱっと一瞬で完成してしまう、まるで魔法のようなシステムなのです。標準的な家に必要な共通部分に相当するソースコードができてしまえば、残りは、その家にしかない家具などの調度品を整えて完成していく作業のみ。エンジニアたちは、このオリジナルの部分を整えるという作業から取り組むことができるので、**ぐっと作業時間を短縮**することができました。

この自動化を思い付いたのも、「いつも同じようなプログラミングを行う箇所がある」ということに気付けたからです。設計書をこの「ソースコード自動生成システム」に読み込ませると、約1秒で必要な部分のソースコードができあがります。どれだけ仕事が効率化できたか、ご想像いただけるでしょうか。

ちなみに、このように仕事を自動化できたのは、長年組織として蓄積してきたチームのノウハウがあったからだと思います。プロジェクトごとに解散してしまう常駐開発ばかりをやっている会社では、こういうノウハウを蓄積するのは難しいかもしれません。

どんな仕事にもルーティン・ワークは存在する

ＩＴ業界以外の方も、どうか自分には無関係だと思わずに読み進めてください。こうしたルーティン・ワークは、あなたの仕事にも必ずあるはずです。たとえば、メールを打つ時には、毎回必ず「大変お世話になっております」や「お疲れ様です」などと打つと思います。その作業を効率化するために、「お」と打てば「お疲れ様です」と変換候補が出るように登録している方は、割と多いのではないでしょうか。こういったことも自動化の一つです。

ほかにも、会議のスケジュールを設定する場合に、出席者一人ひとりに電話やメールで何度も連絡して調整をしているケースもあれば、Ｇｏｏｇｌｅカレンダーなどのツールを使ってメンバーの予定の隙間にアポイントメントを入れ、自動的にメールが飛んで調整が終わるようにしているケースもあると思います。言うまでもありませんが、後者のほうが効率は良いですよね。

さらに、少しシステムの力を借りれば、手作業で一つずつ作成していた請求書をボタン一つで出力できるようにしたり、毎月発生する数十件の銀行振込を一括でデータ出力して銀行に送ったりするようなこともできます。

この前のステップ「仕事をなくす」段階で、無駄な仕事はなくしていますが、必要な仕事であっても、人間がやらずにシステムで自動化することで大幅に時間短縮できる仕事はたくさんあります。いつも同じような定型的な作業をしていたとしたら、それは本当に人間がやらなくてはならないことか、システムで自動化できるのではないか、と一度考えてみるのがよいと思います。

自社のルーティン・ワークが何なのかを意識し、それに対応できるツールがないのか、アンテナを張ることが重要です。また、既存のツールがなかったとしても、「もしかして、こんなことできませんか？」とシステム会社に相談してみるのも一つの手です。

残業ゼロへのステップ4．仕事の標準化

仕事を個人に集中させない

これまでのステップで、仕事を「見える化」し、無駄な仕事をなくし、自動化までしてきました。それでも残った難しい仕事については、**標準化する**ことを考えます。標準化とは、できる限り誰でもできる仕事に昇華させることです。言い換えれば、**属人化を防ぐ**ことです。

具体的な手順としては、まずは一人しかできない仕事をなくしていくことから始めます。「この人がいなければわからない」という仕事はありませんか。それが、属人化してしまっている仕事です。現時点で一人しか担当できない業務は、他にできる人を増やしたり、あるクライアントの担当が一人しかいなければ担当を複数人体制にしたりする、などの対応を取っていきましょう。また、マニュアル作成や教育によって標準化できる仕事もたくさんあります。社内で一人しかできる人がおらず、一見難しそうな仕事に見えたとしても、実はマニュアル化するだけで誰でもできる業務に落とし込んだり、教育によって他の人でもできるようにしたりするこ

とができます。

仕事を標準化するためには、**仕事を細かく分解する**ことも重要です。エンジニアの仕事で言うと、プログラマーが一人で開発を行いながらプログラムの試験も行っているような会社はたくさんあります。しかし、実はプログラム試験の中には誰でもできるようなものも数多くあります。こういう仕事はマニュアル化や教育によって他の人でもできるようにします。付加価値の高いエンジニアに全部を担当させる必要はありません。

ブラック時代のアクシアでは、設計・プログラム・試験まで、全てを一人のエンジニアが担当していました。しかし、仕事を細かく分解して考えた結果、しっかりと教育すれば、試験の部分は学生のアルバイトにも任せられるものだと判断し、エンジニアの仕事量を減らしました。その分エンジニアには、設計・プログラムに集中してもらうことができるようになったのです。加えて、エンジニアのメインの仕事である設計・プログラムに関しても、社内の「開発ガイドライン」を作り、標準化しています。

ブラック時代は、個々の社員が抱える仕事の量が膨大なものとなっていました。様々な段階の仕事を一人で抱え込んでいたため、誰かが欠けるとその仕事を把握している者が他にいない、という危険な状況に陥りがちだったのです。これでは、おちおち風邪も引けません。

残業ゼロ革命のきっかけとなったＷＥＢデザイン担当の女性社員も、まさにそんな一人でした。彼女一人が辞めてしまったら会社が終わってしまう、そんな危うい状況を二度と作り出してはいけないのです。その教訓を活かし、今アクシアでは、全てのクライアントに対して２人以上の担当をつけるようにしています。どちらかが急に休んでしまっても、滞りなく仕事が回る体制を作っているのです。

こうすることで、特定の人が忙しすぎることが原因で、プロジェクト全体の作業効率が下がるということもなくなりました。さらに、チームで動くため、社内の結束も強まったと感じています。

標準化によりアルバイトも戦力に

こうして、仕事の標準化を行っていくと、実は**アルバイトも戦力化**することができるようになっていきます。一般的には、アルバイトは誰でもできる仕事をしてくれて、代替の効く便利な存在かもしれませんが、アクシアでは、アルバイトを重要な戦力と考えています。

アクシアではアルバイト従業員に対し、「チャレンジ制度」を設けています。これは、入社後２ヶ月間は自分の業務時間内に好きなだけシフトを入れてもよい、というものです。シフトと言っても、仕事をするシフトではありません。アクシアで作成した独自の教材を使って、プログラムの勉強をしてもらうのです。シフトを入れて会社で勉強しながら給料ももらえる、という仕組みになっています。この取り組みによって、高いスキルを持った学生アルバイトが増え、仕事の標準化がさらに進みます。

２ヶ月後、スキルを得た学生アルバイトには、簡単なプログラムを任せることができるようになります。設計・プログラム・試験のうち、すでに試験の部分はエンジニアから切り離していましたが、このチャレンジ制度の導入によって、プログラムまで標準化できるようになったのです。

「スキルが身に付く上に、かなり責任のある仕事を任せてもらえる」ということで、アルバイト従業員たちも張り切って勉強してくれています。積極的に勉強してくれることで、彼らは実践的な技術を身に付け、仕事に活かしてくれます。その分、アクシアのエンジニアは、より専門的な作業に集中できるので、人材の底上げにもつながります。こうして、会社と従業員の間に、ＷＩＮ-ＷＩＮの関係が生まれているのです。

このように、一見かなり高度だと思われる業務でも、**教育制度を整える**ことで、それを誰でもできる標準的な仕事に変えていくことができます。また、教育制度によって、実践的なスキルを身に付けるまでの時間を短縮することができ、人員増加もしやすくなります。そして、さらに業務効率化が進むのです。

このように書くと、残業を減らすためにはアルバイトを活用すればよいのか、と勘違いする人もいるかもしれません。しかし、ここで重要なのは、あくまで

1. 仕事の見える化
2. 仕事をなくす
3. 仕事の自動化
4. 仕事の標準化

この4つの段階をしっかり踏むことなのです。アルバイトの活用が本質なのではなく、仕事を標準化して属人化を排除し、誰でもできる仕事に可能な限り落とし込んでいくことが、業務

効率化の本質だと考えています。

業務効率化の４つのステップを見てきましたが、仕事を見える化し、無駄な仕事を廃止し、仕事を自動化し、仕事を標準化した後、それでも最後に残る仕事があります。それこそが**付加価値の高い仕事**であり、本来あなたが取り組むべき仕事です。

業務効率化して残業時間を削減することは決して不可能ではありません。しかし、闇雲にやっても、なかなか成果となって表れてきません。正しい手順で進めていくことが重要です。

次は、この４つの業務効率化をどのように進めて、残業ゼロに踏み出せばよいのか、アクシア以外の会社の例を考えてみましょう。

残業ゼロはこうやって実践しよう

とある不動産仲介業者のケースを見てみましょう。

不動産仲介業者においては、持っている物件情報をサイトなどで紹介し、それを見た人から問い合わせが入る、というのが多いパターンだと思います。営業担当者は、問い合わせをしてきた人に対して、該当の物件以外にも条件に合う物件を複数紹介し、物件の内覧を経て契約に至る、という流れになります。

まず、1人の営業担当者のワークフローを「見える化」しましょう。次のような仕事を1人の営業担当者が行っているとします。

1. 物件情報を集める

2. 不動産情報サイトに集めてきた物件情報を登録する

3. お問い合わせに答えて内覧などの日時を決める

4. 内覧

5．契約

6．契約書・見積もり作成

この中で、本当に営業担当者にしかできない業務とは、一体どれでしょうか。無駄な仕事、自動化できる仕事、標準化できる仕事はないでしょうか。一つずつ見てみましょう。

1．物件情報を集める

この仕事は、**標準化**できそうです。おそらく単純作業なので、手順さえマニュアル化すれば学生アルバイトにも対応可能な仕事になります。

2．不動産情報サイトに集めてきた物件情報を登録する

この仕事は、**自動化**もしくは**標準化**できそうです。システムを組めば、クリック一つで流し込むことができるようになります。あるいはマニュアルを作成して、学生アルバイトに任せることができるようになります。

3. お問い合わせに答えて内覧などの日時を決める

この仕事も**標準化**できます。営業担当者のスケジュールが見られるように共有しておけば、日程の調整、レスポンスなどは学生アルバイトにも可能です。

4. 内覧

これはお客様との直接対応が必要になりますし、内覧時に条件交渉が行われる可能性や、すぐに契約という話になる可能性が想定されますので、**営業担当者が対応すべき仕事**です。

5. 契約

これも、お客様との直接対応が必要になりますし、信頼にかかわる重要な仕事ですので、**営業担当者が対応すべき仕事**です。

6. 契約書・見積もり作成

これは、**自動化**または**標準化**が可能な仕事です。契約書、見積書とも、フォーマットが決まっており、必要事項がわかれば作成できるはずです。システムを組めば、クリック一つで書類が作成されるようにすることができます。あるいは、マニュアルを作成し、学生アルバイトが作成できるようにすることも可能です。

いかがでしょうか。元々６つあった業務に対して、営業担当者にしかできない業務はなんと２つだけ。全体の３分の１でした。そして、この最後に残った２つの業務こそが、その職種の付加価値です。

この会社の場合には、システム投資をして自動化できるところは自動化したり、アルバイトを雇って標準化できる業務を任せることで、営業担当者はより付加価値の高い仕事に集中することができ、仕事の質を高めることができるようになります。このようにして、全体の業務を効率良く回し、質を高めるべきところは高められるようにすることが、会社の業績アップにもつながります。

以上のように、ＩＴ業界以外の会社、職種でも、この４つのステップは十分に応用可能なのです。ぜひ、ご自分の会社やチームで、この４つのステップに沿って業務効率化する方法を考えてみてください。

第5章

働き方改革を阻む声に物申す

世の中全体として見ると、「労働環境を改善しよう」という動きは加速してきています。しかし、働き方改革を実施しようとする時に、最初から、あるいは取り組みの途中で、壁にぶつかってしまうことがあります。それは、働き方改革に反発する人や、働き方改革は到底無理だ、と思っている人たちがいるからです。この章では、そんな声を取り上げて、それに対する私の意見をお伝えしたいと思います。

働き方改革へのよくある反発の声

よく耳にする「働き方改革」への反発の声は、まとめると以下の4つになると思います。

1.「働き方改革」を強制されたくない

2.残業は合理的だからなくならない

3.「変わらなきゃ」くらいでは変われるわけがない

4.「働き方改革」で逆に仕事内容がきつくなるのでは?

これらの意見は、どれも共感できる部分はあります。しかし、私は残業ゼロを達成し、いわば「働き方改革」を成功させた者として、「働き方改革は無理だ！」というマイナス意見には真っ向から反論せねばなりません。実現できている会社がここに実在するのですから、絶対無理などということはないのです。

1.「働き方改革」を強制されたくない　↓　NO！

必ず出てくる「好きで今の形で働いているんだから、改革を強制しないでほしい」という意見。その意見はごもっともだと思いますが、一方で不幸な過労死の事件が発生してしまっているような状況にありながら、いつまでも是正されないようであれば、ある程度強制される部分が出てきても仕方ないのではないでしょうか。

2.残業は合理的だからなくならない　↓　NO！

企業側の視点で見ると、「残業が合理的」だというのは、残念ながらその通りだと思います。残業を前提にすれば、労働者の人数を増やさなくて済むからです。顧客からの急なオーダーなどが入っても、残業で対応すれば、人員をかき集める労力が少なくて済み、少人数で柔軟に対応することが可能になります。

もちろん、企業は残業させれば残業代という割増賃金を支払わねばなりません。突発的な残業ならばともかく、残業が常態化している中で割増賃金を払い続けることは、企業にとっては余計なコストを負担し続けているということになります。それにもかかわらず、新しく人を雇わずに残業させ続けるということは、やはり新たに人を雇って人件費を払うよりも合理的でメリットが大きいと判断している部分があるからでしょう。加えて、新たに人を雇うのではなく残業をすることで、景気の変化や仕事の繁閑に柔軟に対応できます。景気には必ず波がありま す。景気が良い時に労働者を増やすのは良いのですが、いつか必ず景気の波が下に振れる時がやってきます。その時に企業は、増やした人材リソースをどうするのかという問題を考えねばならないのです。

日本の現状の法律だと従業員を解雇することは容易ではありません。ですので、景気が悪くなった時に備えて「解雇」以外の対策を考えることはある意味まともだと言えます。割増賃金を払い続けてでも人を増やさずに残業で対応するというのはそのための一つの手段なのです。有期雇用である非正規労働者を増やすというのも同じでしょう。

長時間残業がなかなか減らない理由の一つには、日本の解雇規制が強すぎることが間違いなくあるでしょう。これは企業にとっては雇用リスクが高い、ということになります。リスクが高ければ相応の対応をすることは企業としては当たり前ですので、企業にとっての雇用リスクを下げることは長時間労働の軽減につながると思います。

とはいえ、全ての残業が企業努力でなくすことができないものかというと、そうではありません。たとえば、**顧客からの急なオーダーに対応するための残業は、企業努力で解消できる**部分です。急なオーダーで無理なものは断ればよいのです。顧客からの無茶な要求を当たり前のように受けてしまう商習慣は改めていくべきだと思います。

これまでは企業側の立場から述べてきましたが、一方で労働者側の立場にも残業が合理的だと考える理由があります。仕事量が多いとか、顧客からの急なオーダーに対処しなければならないから、という理由ももちろんあるでしょうが、「残業代を稼ぎたい」という理由も間違いなくあるのではないでしょうか。

非効率であっても残業をしたほうが収入を増やせる仕組みなのだとしたら、お金を稼ぐためには残業をすることこそが合理的、ということになりますから、その場合は残業をするのが普通となってしまいます。企業側としては、そのような仕組みを廃止し、**残業をすることが合理的ではなくなる、つまり効率良く働く人のほうがメリットを受けることができる環境にすることが**重要なのです。

3.「変わらなきゃ」くらいでは変われるわけがない　↓　NO!

「経営者や労働者の意識を変えるだけでは、残業はなくならない」というのも、よく言われることです。「意識改革」なんていう具体性に欠けることを声高に叫んでも、変われるわけがない、という意見です。もちろん、意識が変わっただけでは何も変わらないのは当然です。しかし、経営トップの意識が変わらなければ、何も変わりません。アクシアもそうでしたが、**トップが変わらなければ、何をやっても残業は減りません。**

トップの意識改革が簡単ではないことはわかります。私の場合でも、意識が変わるまでに3年かかりました。でも現場がどれだけがんばっても、上司の意識が変わらないと残業は減りません。仕事の中身を変えることが重要なのは当然ですが、それだけでなく、トップの意識変革は必須なのです。

4.「働き方改革」で逆に仕事内容がきつくなるのでは?　↓　NO!

国家レベルで進む「働き方改革」が、効率化をどんどん進め、無駄を削ぎ落とし、生産性を追求するようになったら、かなりつらい状況なのでは? という懸念もあります。

確かに、「労働時間を減らして生産性を上げろ」というのは、厳しく聞こえるかもしれません。

しかし、今の時点で、世の中の労働者全てが時間ではなく質の面で、フルパフォーマンスで働いているのでしょうか。

私のいるＩＴ業界では長時間労働が当たり前となっていますが、１日15時間も働いているような状態で、朝から晩までフルパフォーマンスで働けているわけがないことはすでに紹介してきた通りです。現時点でそういう極めて非効率な働き方をしているのであれば、現状の仕事量を維持しつつ時間を短縮する、というのは、実現可能な話です。全くもって無理なことではありません。これは自分たちもやってきたことですので、よくわかります。

現時点ですでに最高のパフォーマンスを発揮しているのであれば、「生産性だけを上げろ」というのは本当に無茶なことなのですが、ほとんどの職場は、現時点で最高のパフォーマンスを発揮しているとは言えないのではないでしょうか。

以上、４つの「働き方改革」へのよくある反発に反論してみました。「働き方改革」は、難易度が高いことは認めますが、不可能なことではありません。むしろ、これから労働人口がますます減少していき、労働者でも休日は休みたい・残業はしたくない・多様な働き方をしたい、という人が増えてきているわけですから、その流れに逆らっても優秀な人を集めにくくなってしまうだけです。それこそ、会社を維持することが不可能になってしまいます。「働き方改革」は不可能だと目を背けている企業は、あっという間に時代に取り残され、淘汰されてしまうでしょう。

好きで長時間働くのがなぜ悪いのか

働くのが好きなら、長時間働いてもよいのでは？

長時間労働問題がクローズアップされている昨今、次のような疑問を持たれている方もいるかもしれません。

「好きで長時間働くのがなぜ悪いのか」

確かに、自分のペースでだらだら働きたいとか、残業代を稼ぎたいといった動機ではなく、純粋に仕事が好きでもっと働きたい、と思っている方も世の中にはたくさんいるはずです。

社会全体の方向性として、残業削減の方向へ進んでいくことは正しいことだとしても、「仕事が好きで好きでたまらない」「もっと働きたい」と心から願っている人たちの働く時間まで抑制してしまうことは本当に正しいのでしょうか。この疑問にも答えてみたいと思います。

好きで働いていても法律で定められた時間しか働けなくなる

「24時間仕事バカ!」というテーマの連載がある。

「仕事が遊びで、遊びが仕事」というブログがある。

こういう人たちもこれからは自分が好きで働いていても法律で決められた時間しか働けなくなる可能性があるようだ。


松浦勝人さんブログ「労働基準法 是正勧告とは」より

以前、ａｖｅｘの松浦勝人社長が公式ブログの中で、残業時間の上限規制に苦言を呈していました。松浦社長のブログのタイトルがまさに「仕事が遊びで遊びが仕事」であるように、仕事と遊びの境界線がないスタンスで働く人の時間まで制限してしまうのか？という問題提起となっています。そういうスタンスの人たちというのは世の中に一定数はいるわけで、何よりも「仕事が好きである」ということは高いパフォーマンスを発揮するために必要な要素でもあり、実際に高い成果をあげることが多いわけです。

確かにこの手の人たちのように「自分たちがやりたいんだから好きにやらせておいてくれよ」という人まで含めて、残業時間上限を一律に決めてしまってよいのかという問題は、議論の余地がありそうです。

そもそも労働関連の法律が現状に合っていない？

松浦社長のように、労働基準監督署が昔の法律のまま、現代の働き方の現状を無視して取り締まりを行っていることに対して疑問を抱く経営者も多いと思います。多くの企業が長時間労働の基準を守れていないのだから、取り締まる法律のほうが現実的ではないのではないか、ということです。

しかし、私はこの部分に関しては全くもって同意できません。法律は放っておくと悪い方向に流れてしまいかねない部分に規制をかけて良い方向に是正していく側面があると私は考えます。現状違反している企業が多いのだから法律のほうが古くて悪いという理屈はちょっと違うと思うのです。

前述のように、ＩＴ業界では違法な偽装請負が横行しています。明らかに多くの企業が法律に違反しているのですが、「グレーゾーン」と言われて放置されています。法律に違反している企業が多いのだから、法律がおかしい、という理屈が成立してしまうと、この偽装請負の構造もまた、同じ理屈で法律のほうがおかしい、ということになりかねません。

古くなった法律は、その時代に合わせてどんどん変えていくべきという意見には大賛成ですが、多くの企業が違反しているのだから悪いのは法律だろうという意見は、少し無理があるのではないでしょうか。

「やりたいこと」はどうしてもやり続けてしまう

「好きで長時間働くのがなぜ悪い」というテーマに対して、産業医の立場からわかりやすく解説されている、『好きで長時間働くのがなぜ悪い！』という人に産業医から伝えたいこと」という記事があります。この中で、産業医の大室正志さんはゲームのドラクエの例を出して「やりたいこと」「好きでやっていること」はどうしてもやり続けてしまう、と述べています。

実際、私もドラクエをクリアする時は1日23時間くらいやり続けていました。寝てもゲームがやりたいから1時間くらいで目が覚めてしまうのです。他に余計なことをやる時間がもったいないので、まともな食事はとらずにチョコレートだけ食べていました。こんな生活をクリアするまでの数日間続けるので、クリアした後は死んだように眠ってしまい、その後は口の中にたくさん口内炎ができたりして、体調を崩していました……。

もちろん、今あげた私のケースは極端な例かもしれませんが、好きだから、やりたいからと言って際限なくやり続ければ、必ず体調を崩してしまうのです。当たり前の話ですが、仕事を行うプロとして、最低限の体調管理は必要であり、「やりたい」からといって無限に働いてよいだろうという主張は、やはりおかしいのです。

制度というものは弱い人のほうに合わせるもの

この記事の中では、「制度というものは弱い人のほうに合わせるもの」ということにも触れています。これは私自身も過去に大きな失敗をしており、身に染みて思うところがあります。

私自身は比較的長時間残業には耐えられるタイプの人間でした。月の労働時間が３００時間を超えることが続いても、それを当たり前ととらえて働いていたのです。しかし、もちろん全ての人がこれを当たり前にできるはずがありません。私は「自分にできるのだから、他のみんなもできるはずだ」と心のどこかで思ってしまっていたのです。典型的な問題上司です。

世の中にはいろいろなタイプの人がいて、得意なことも苦手なことも全部違います。長時間労働に耐性のある人も少なからず存在しますが、そういう人たちに合わせて制度設計をしていたら、間違いなく死人が出てしまいます。そして、実際に不幸な事故が毎年たくさん起きています。

残業上限を月平均80時間にすることに対して「そんなの生ぬるい」という人たちがいるのもわかりますし、「もっと働かせてくれ」という人たちがいるのもわかります。でも長時間働ける人に合わせて制度設計してしまうと、過労死を促進することになりかねないのです。

その証拠としてのデータもあります。以下の表は、厚生労働省発表の「過労死等の労災補償状況」をもとに作成された表で、過労死の残業時間別労災支給決定件数と割合を一覧表にしたものです。これを見てもわかる通り、残業上限100時間、月平均80時間に設定すると、相当数が毎年過労死してしまいます。この数字を見る限りでは、過労死を本当になくしていきたいのであれば、残業上限を60時間に設定、万全を期すのであれば45時間に設定しないといけないのではないでしょうか。

毎月200時間働くことも300時間働くことも全く平気、という人からすると「もっと働かせてくれよ」という気持ちはよくわかるのですが、個人としてならともかく、組織として長時間労働が良いか悪いかと言ったら「悪い」と言わざるを得ません。好きなだけ働けるようにしてきた

過労死の残業時間別労災支給決定件数と割合

	2011年度	2012年度	2013年度	2014年度	2015年度	合計	割合
45時間未満	0	0	0	0	0	0	0
45～60時間	1	0	0	0	1	2	0.4%
60～80時間	8	4	16	10	4	42	7.7%
80～100時間	43	50	50	50	49	242	44.1%
100～120時間	24	28	28	27	24	131	23.9%
120～140時間	17	14	8	14	6	59	10.7%
140～160時間	5	9	8	7	7	36	6.6%
160時間以上	4	9	13	8	3	37	6.7%
合計	102	114	123	116	94	549	100.0%

※厚生労働省「過労死等の労災補償状況」より作成

出典：BLOGOS 記事「経団連の『月100時間残業 OK』は『過労死 OK』と同義語、労働者の命を奪い続けようとする経団連」（国家公務員一般労働組合）

結果がこの表の数字となっているわけですから。

裁量権がないと人はストレスを感じ疲れやすくなる

これも先程の産業医の方の記事中に書かれていましたが、人に言われてやる仕事というのは疲れるものです。仕事でも何でも自発的に取り組んだほうが楽しいに決まっています。

そういった意味では、経営者の場合は裁量権がありますし、別に人から指示されて仕事をやるわけでもありません。自分で好きで仕事をやっているわけですから、一般の従業員と比べるとストレスは感じにくく疲れにくいということになります。たくさん働いても疲れにくい経営者が超人というわけではなく、**疲れにくい立場である**というだけなのです。

もちろん一般的な従業員でも、姿勢次第では主体的に仕事に取り組むことはできるでしょう。たとえ上から指示された仕事であったとしても、自分の意志で前向きに取り組むことは可能です。そのほうが仕事は楽しくなるので、その点には個人的にも賛同します。ただ、労働環境が整っていない会社の経営者が従業員にそんなことを勧めたら、すぐにブラック企業になってしまうので注意が必要です。

ところで、一般の従業員で「好きなだけ働かせてほしい！」という人に対して、私は常々「好きなだけ働きたいなら起業したほうがいいんじゃないの？」と思っています。

起業したら全部自分の裁量になるので、誰からも文句を言われることなく、法律に縛られることもなく、自由に好きなだけ働けます。

もし、起業のリスクが怖いのなら、労働時間上限を受け入れましょう。

第6章

未来の働き方への第一歩を踏み出そう

残業ゼロはあくまで通過点

これから残業ゼロを目指すみなさんの中には、「残業ゼロ」自体をゴールに設定する方もいらっしゃるでしょう。しかし、私にとっては、**残業ゼロというのはあくまで通過点の一つ**です。今後は、社会的に、もっと大きく労働環境を変えていくことが必要不可欠になると考えているからです。

5年後、10年後、私たちの生活はどんどん変わっていきます。間違いなく言えるのは、自宅で介護をする人が増えるということです。残業をしながら介護をする、そのうえ子育ても。そんなことが可能でしょうか。

企業は、**従業員のライフイベントに合わせて柔軟に労働環境を変えていく**必要があります。しかし、終電まで業務が詰まっているようでは、従業員のニーズに合わせて柔軟に対応することができません。そういった意味でも、やはり残業ゼロは通過点なのです。

多様な働き方の重要性

建前だけではなく、本当に働き方改革を進めていこうという空気が、少しずつ日本社会の中で広がってきていると感じます。様々な会社が従来の働き方を変えていく試みをしています。中でも私が働き方改革の本質だと思っていること、それは**「多様な働き方」**です。これからの時代、それは非常に重要になってくると思います。

アクシアはすでに２０１２年から残業がゼロになり、働き方改革という面においては他社よりも一歩進んだ状況にあるかもしれませんが、今後は、よりいっそう様々な働き方ができる会社にしていかねばならないと考えています。

逆に、今のまま何もせずに従来通りの働き方しかできない会社や、あるいは人気取りや話題作りのために表面的な小手先のテクニックに頼った「働き方改革」ばかりやっている会社は、今のままだとかなり大変なことになっていくはずです。

そもそもなぜ今働き方改革が必要なのか？

残業削減ばかりがクローズアップされることの多い「働き方改革」ですが、働き方改革に関する首相官邸のウェブサイトを見ると、1行目にこのような言葉が書かれています。

「働き方改革は、一億総活躍社会実現に向けた最大のチャレンジ」

要するに、「国民みんなが活躍できる社会にしましょう」ということです。その背景には、もう如何ともしがたい状態になってしまっている少子化問題があります。少子化問題が解決できないと、当然のことながら**労働人口が減ってしまう**わけです。

おそらく、当初は少子化問題を解消するという命題があったはずです。しかし、あと1〜2年で団塊ジュニア世代が出産適齢期を過ぎてしまい、子どもを産むのが難しい年齢になってしまうという現実的な問題もあり、いよいよ少子化問題の解消によって人口減少を食い止めることがほぼ不可能なところまで来てしまいました。

戦後すぐの第一次ベビーブームで団塊の世代が生まれ、第二次ベビーブームで団塊ジュニア世代が誕生。そして団塊ジュニア世代が壮年期を迎え始める2000年台に「第三次ベビーブーム」が起きるという希望的な予測が立てられましたが、結局は来ませんでした。これによって、今後多少出生率が上がったところで、当面の間は人口減少路線にあることが確定してしまったのです。人口減少がほぼ確定してしまった以上、このままいくと労働人口も比例して大幅に減少してしまいます。それを少しでも緩和するためには、今までの時代だと戦力外通告されてしまっていた人たちにも活躍してもらえるような社会に変えていかないといけません。

だからこそ、**多様な働き方を実現し、国民みんなが活躍できるように社会を変えていきましょう**、というのが今の働き方改革の流れなのです。

今のまま変わらないと働ける人の数が致命的なほど減ってしまう

今ですら、人手不足や採用難などと言われていますが、おそらくこれから先は、**今とは比較にならないほどの人手不足の時代**になっていくと思われます。大多数の企業にとって、今のまま何の工夫も対策もせずに、この人口減少・労働人口減少の時代に突入するというのは、かなり致命的です。何とか対策を打たねばなりません。国の施策を待っていたのでは手遅れになりかねません。

これからはフルタイム・残業バリバリを前提とした採用だと厳しくなる

労働者となり得る年齢(15歳以上65歳未満)の人口のことを「生産年齢人口」と言いますが、この生産年齢人口は1995年頃をピークに年々減少しています。そして、以下のグラフのように、2065年頃には、生産年齢人口は今よりも3000万人以上少なくなってしまうと推計されています。

さらに、前述のように、2017年度の新入社員へのアンケートで、日本の労働者の意識が大きく変わったことが判明しました。勤務先の会社に求めることとして、給料が高額であることよりも、残業が少ないことや休日

年齢3区分別人口の推移
― 出生中位(死亡中位)推計 ―

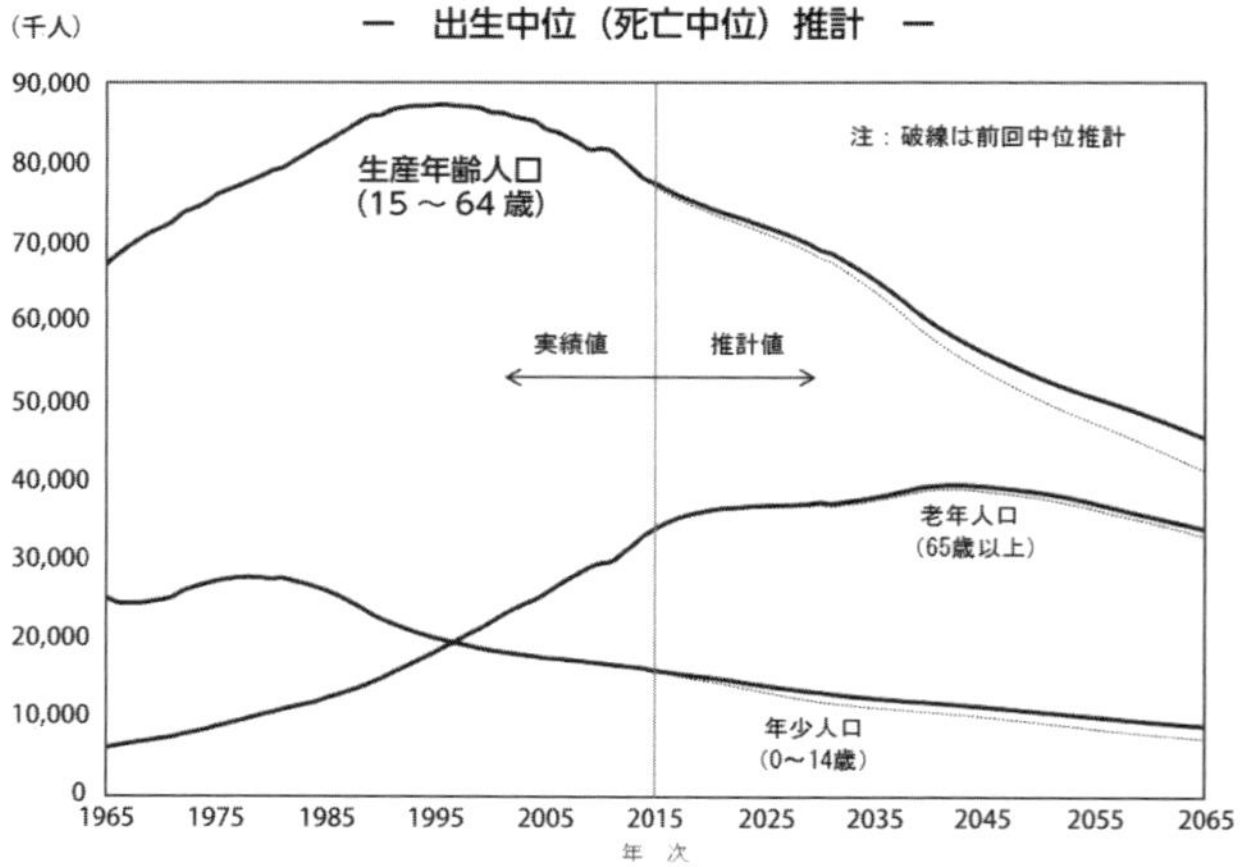

出典：日本の将来推計人口 平成29年推計(国立社会保障・人口問題研究所)

が多いことを重視する人のほうが多くなったことが明らかになったのです。このことからも、これから先、労働力を確保するためには残業を減らさなければならないことがわかります。

もしかしたら、これは２０１７年度の新入社員の一過性のトレンドで、10年後は全く変わっているのでは、と思う人もいるかもしれません。もしそうだったとしても、人口減少、労働人口の減少は今だけのトレンドではなく、今後長期間に渡って、のしかかってくることが確定している現実です。やはり、どうしても**労働力確保への対策**が必要なのです。

今までは人手が足りていたため、長時間働けて、全国どこへでも異動できて、どんな仕事内容にも対応できる人を中心に組織を組み立てていれば問題ありませんでした。

こうした従来の働き方は、子育て中の人や、要介護者を抱えている人など、事情のある人には厳しいでしょう。これからは、来る労働人口の減少・人手不足・採用難について、企業として対策を考え、準備しなくてはならないのです。フルタイムで残業をバリバリできる人だけでは、どう考えても人が足りないわけですから、子育て中の人も、家族の介護をしている人も含めて、**働く意志のある人は戦力化**して働ける環境を作っていかなければなりません。

そのために、残業を減らしたり時短勤務を導入したり、場合によっては在宅勤務を導入するといった施策を打ち、多くの人が働ける環境を作っていく必要があります。単に目の前の採用難に場当たり的に対処しようと、求職者の人気取りや企業のPRをするためだけの表面的な働き方改革をすると、白けたことになってしまうだけでなく、**企業として生き残ることができない**、という深刻な事態にまで陥ってしまいます。

プレミアムフライデーや週休3日制の前にやることがある

最近流行りの週休3日制

時代の流れに乗り、一般的に週休2日の会社が多い中、ある大手企業が週休3日の制度を取り入れたということが話題になりました。働き方改革が叫ばれる中でこういう新しい取り組みは注目を浴びやすいのですが、これに対しては一概に好意的な意見ばかりではないようです。

詳細を見てみると、単純に休みが1日増えるというわけではなく、労働時間は変わらなかったり、休みが増えた分の給料が減ったりしています。実際に継続してみないと何とも言えませんが、正直あまりうまくいかないのではないかと感じています。

週休3日より先にやるべきことがあるだろうという突っ込み

週休３日制度が導入されたからといって、この制度を強制されるわけでもなく、従来通り週休２日で働きたい人はそのまま働けばよいわけですから、誰かが直接的に損をするということはありません。それでもどこか冷ややかな反応が見られるのは、**週休3日より先にやるべきことがあるだろう、**と誰もが心の中で感じているからではないかと思います。

まず真っ先に浮かんでくる疑問としては、有給休暇の消化率です。次のグラフは２０１６年のデータですが、日本の有休消化率はわずか50％となっています。

この日本の低い有休消化率を見ると、週休３日制の前に、まずは有休をもっと消化させろ、と言われてしまっても仕方がないでしょう。

実は、日本は世界トップクラスで祝日が多い国です。有休消化率を１００％にすることが実現できれば、完全週休３日とまではいかなくとも、ほぼ週休３日に近い状態まで持っていくことは十分可能です。

有休を全て消化できない状態のまま週休３日にして、しかも給料は休んだ分下がるという状態では、現状で消化できていない有休がさらに消化できない状態に陥るだけではないか、と考えるのは自然なことです。

さらに長時間残業の問題もあります。

長時間の残業問題が解決しないまま週休

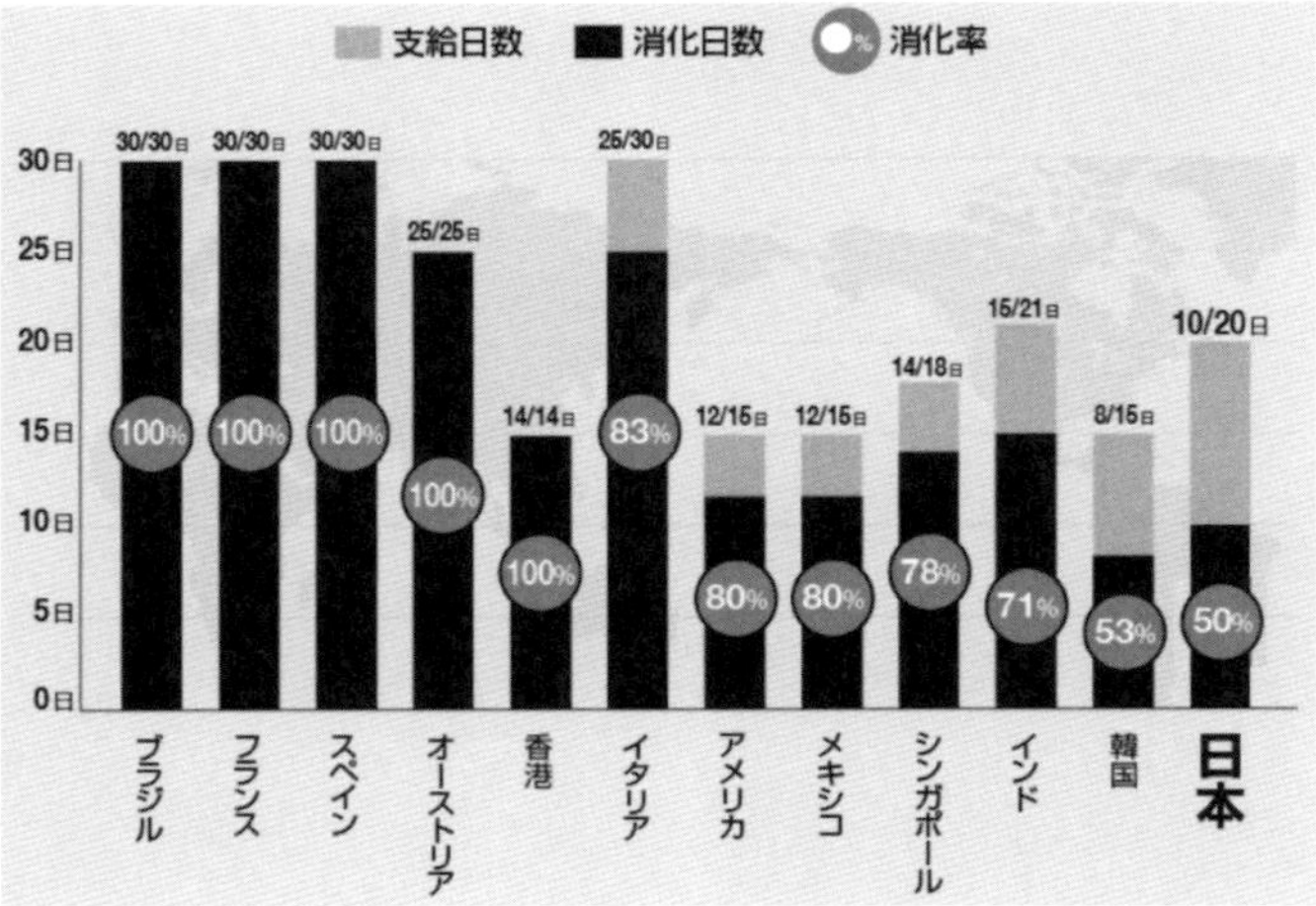

出典：有給休暇国際比較調査２０１６（エクスペディアジャパン）

３日制を導入しても、その分どこかにしわ寄せがいってしまうのが目に見えています。下手すると週休３日の人が対応できなかった分を、週休２日の人がフォローするという構図になりかねません。すると、それが原因でお互い変に気を遣ったり、不公平感から不満を抱えてしまったりしてしまいます。

正直なところ、週休３日制というのは、先に手を打つべき有休消化率や長時間労働の問題を棚上げして、話題作りをしているに過ぎないのでは、と感じてしまいます。

働き方改革で求められていること

次ページの、市場調査会社のインテージリサーチのオンライン調査によると、働き方改革に求めることは「有給休暇が取りやすくなる」が最も多く、以下「残業が少なくなる」、「始業・終業の時間が柔軟に決められるようになる」、「在宅勤務が可能になる（取りやすくなる）」と続いています。週休３日制という制度は、この調査の選択肢にはなかったようですが、やはり、まずは有休消化率の向上や残業削減が求められているのではないかと思います。

週休3日の制度はプレミアムフライデーと同じ香りがする

この週休3日制、どこかプレミアムフライデーと同じ香りがしませんか？ 経産省や経団連の推進により、2017年2月からスタートしたプレミアムフライデー。月末の金曜日に早く帰れるということで、それだけ見ると喜ばれそうな感じもしますが、実際にはほとんど歓迎されるようなこともなく、すでに忘れられた存在になりつつあります。

プレミアムフライデーも、順を踏んで実施されていればもう少し受け入れられていたのではないかと個人的には思いますが、未消化の有休が大量にある状態で実施しても、何が金曜日早上がり

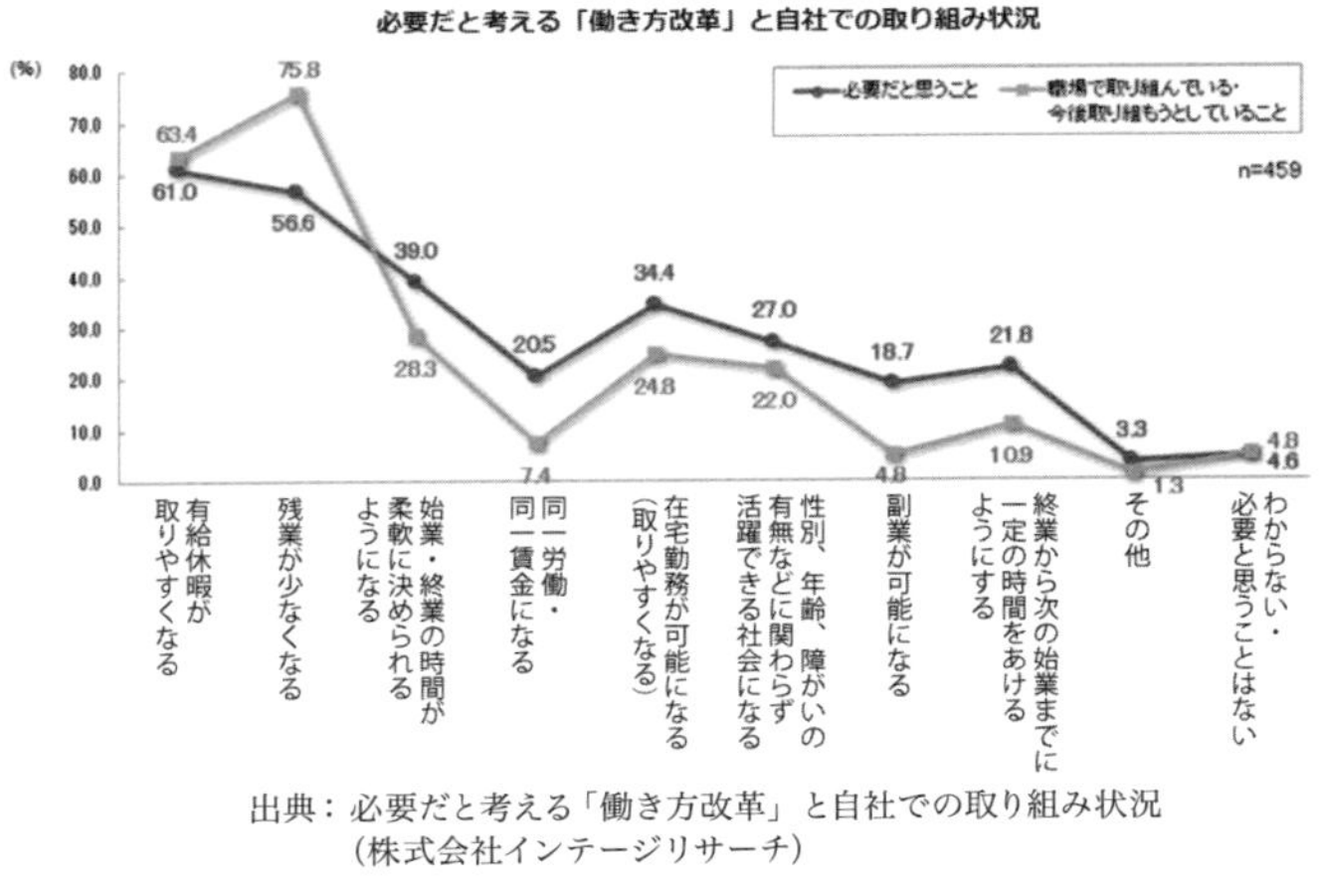

出典：必要だと考える「働き方改革」と自社での取り組み状況
（株式会社インテージリサーチ）

だ！ということになってしまいます。あるいは、長時間残業の問題が残されたままの状態で強引に金曜日に早上がりしたところで、下手すると翌日の土曜日に出勤なんてことにもなりかねません。

ごく一部の人たちだけが盛り上がっていて、ほとんどの人からは白い目で見られてしまうのは、やはり「そこじゃない感」が強く、「その前にやるべきことがあるだろう」と思ってしまう部分があるからではないかと思います。

やはりこれも、ブラック企業が長時間残業の問題については見て見ぬふりをしながら、従業員の間の親睦を深めようとして、社員から失笑を買うだけの飲み会を頻発する事象とよく似ているように思います。飲み会そのものが悪いわけではありませんが、「その前にやるべきことがあるだろう」と誰もが思ってしまうことが一番の問題なわけです。

物事には順序というものがあります。仕事は無限に湧いて出てきますので、全部をこなすことは不可能です。だから私たちは、抱えている仕事に優先順位を付け、順位の高いと思われるものから順番に消化していきます。週休３日やプレミアムフライデーの件については、完全に優先順位付けを間違えてしまった事例ではないかと思われます。

本質的な問題を解決する前に、このようなただの人気取りとも言える施策を実施するということは、言ってみれば穴の開いたままのコップに水を汲み続けるようなものです。いくら水を汲んだところで全部こぼれていってしまいます。低い有休消化率や長時間残業という穴をふさぐことなく、週休3日やプレミアムフライデーという水をいくら汲み続けたところで、現場は全く楽になりません。問題を解決するためには小手先のテクニックではなく、問題の本質に対処しなければなりません。ただの人気取りの制度を導入したところで、うまくいくわけがないのです。

時短制度の導入はなぜ難しいのか

アクシアには、子育てしながら働いている女性もたくさん在籍しているのですが、そうした人たちも含めて従業員の声を聞いてみても、休みの日を増やしてほしいという要望はほとんど聞いたことがありません。それよりも実際の声として多いのは、「1日の労働時間を少なくしたい」というものです。もちろん全ての人にそういうニーズがあるわけではありませんが、子どもが学校から帰ってくるので夕方早目に帰ってご飯を作りたいなどの理由で、1日の勤務時間を5時間や6時間にしたいという話は頻繁に出てきます。採用面接をしていても、そういう声はよく聞きます。

週休３日制を打ち出した某大手企業でも、おそらく同じような傾向にあるのではないでしょうか。週休３日にするよりも、**1日の勤務時間を短くできる制度**があったほうが従業員に喜ばれるはずです。ではなぜそれができないのかというと、残業があるからです。

１日の所定労働時間を5時間としたところで、残業体質のせいで、結局１日の労働時間が10時間になっていたのでは何の意味もありません。あるいは、時短制度を選択した人の仕事が終わらなかった場合に、その尻拭いを他の人が残業して埋め合わせるようなことをやっていたのでは、従業員の間で不公平感が生まれ、不満の種になります。ですから、長時間残業の問題を抱えたまま1日の労働時間を短縮する制度を導入することは難しいのです。

そんな中で、長時間労働問題を解決せずに週休３日の制度を導入するのは、結局はただの人気取りであり、ＰＲが目的です。それがあからさまに伝わってくるので、こうも白けた雰囲気になってしまうのではないでしょうか。

多様な働き方を選択できることは良いこと

週休3日の制度についてかなりネガティブな意見を述べてきましたが、実は、私は週休3日を選択できること自体は悪いことだとは思いません。何度も言うように、多様な働き方を選択できることは、これからの時代では必要なことであり良いことだと思っています。私は、ただ順序が違うのではないかということを言っているだけです。まず目の前にある有休消化率の問題や長時間残業の問題を解決してからでないと、本末転倒になってしまいます。

アクシアには、週休4日勤務で働いている人がいます。自分で作りたいサービスがあり、その構築や運営のために時間を使いたいので、アクシアでの勤務は生活に必要な最低限のお金を稼げる時間にしているのです。それ以外にも、勤務時間や勤務日数についてはかなり自由に選択できるようになっていますが、それが無理なく自然と実現できているのはベースに「残業ゼロ」があるからだと思っています。

本章の冒頭で記した通り、残業ゼロはあくまで通過点ですが、さらに進んだ働き方改革を進めるために、とても重要な通過点なのです。

アクシアの柔軟な雇用形態

来る人手不足の時代に備えてアクシアで考えていること、そして現段階で取り組んでいることをいくつかご紹介します。

今は、フルタイムで働く人が正社員、フルタイム以外はアルバイトとして、ざっくり区分けしていますが、従業員が気兼ねなく時短勤務を選択できるように、正社員やアルバイトという区分けをなくそうとしています。これについては、もう待ったなしで、どんどん推し進めていきます。

実は区別なし？　正規雇用と非正規雇用の違いとは

正規雇用と非正規雇用の格差が問題になることがありますが、アクシアの場合はアルバイトでも、労働時間が少なすぎる場合を除いては、社会保険にも加入させますし、有休も支給します（これは法律で義務付けられているので当たり前です）。

そんな環境において、正規雇用と非正規雇用にどのような違いがあるのでしょうか。正直全く違いがわからず、ハローワークに問い合わせたことがあります。その答えがこちら。

「正規雇用と非正規雇用の違いは特に決まっていません」

「え!?」とかなり驚いてしまいました。ハローワークの方いわく、「正規雇用と非正規雇用に区別を付けたければ、就業規則で決めてください」とのことでした。

国の施策の方向性としては、

1. 正規雇用と非正規雇用の区別をはっきりつける
2. 非正規雇用↓正規雇用への転換をする企業に助成金を出す
3. 正規雇用と呼ばれる人の比率を増やす

ということのようですが、わざわざ就業規則で正規雇用と非正規雇用の区別を明確にしておいたほうが国からお金がたくさんもらえるという、ちょっとおかしなことになっているのです。最初から正規雇用と非正規雇用の区別のない会社は、助成金はもらえません。「転換」させることで助成金が出るので、区別をしておいたほうがお得、というわけなのです。なんとも奇妙な制度です。

ともかく、正規雇用と非正規雇用は、特に区別をする必要性はないということで、アクシアでもその区別をなくす方向で動いています。

在宅、時短、副業も可能

アクシアでは現在、**様々な雇用形態を選択**できます。会社の掛け持ちは禁止ですが、副業は業種によっては可能です。会社の掛け持ちを禁止にしたのは、労働法上、別の会社での業務時間も合わせて労働時間としてカウントされるため、残業ゼロの方針を守れなくなるからです。

しかし、業務時間外の副業は何の問題もありません。たとえば副業が軌道に乗って、週40時間を全てアクシアに費やすのではなく、1日は副業に使いたい、という要望が出れば、喜んで対応します。

２０１７年2月16日には札幌にオフィスをオープンしました。そこでは現在、男性1名、女性４名に働いてもらっていますが、男性は副業があるので週３日の勤務、女性の多くは帰宅後にゆっくり家族の食事を作りたい、ということで、9時～17時の勤務にしています。また、特定の曜日だけ昼までの勤務にしている人もいます。

男性スタッフからは、自分が作った商品をインターネットで販売する副業がしたいとの要望がありました。その副業を認めるのはもちろんですが、その商品次第では、アクシアで出資することも視野に入れています。

ほかにも、子どもを3人育てながら、在宅勤務をしている女性もいます。在宅の場合、業務時間外にも働けてしまうので、残業ゼロを揺るがしかねない問題も出てくるのですが、そこは話し合って、シフトを提出してもらったり、業務終了時に日報を提出してもらったりすることでクリアにしています。新しい雇用形態を受け入れるたびに様々な問題が出てきますが、それで雇用を諦めるのではなく、**何とか対応して優秀な人材に参画してほしい、**そんな気持ちのほうがはるかに強いのです。

この多様な働き方に対応するために、東京オフィス、札幌オフィス、在宅勤務の人に支給しているパソコンをVPNというものでつなげて、社内のネットワークや、各システムにアクセスできるようにしています。もちろん他からは接続は一切できないようになっていますので、セキュリティ上は問題ありません。在宅勤務の導入が進んでいくにつれて、クラウドでどこからでも誰からでもアクセスできてしまうとセキュリティ面が心配だ、という企業が増えてくるかもしれません。ＶＰＮでセキュリティを担保すれば、他からは一切アクセスできないようにできますので、システム会社に相談してみてください。

在宅勤務のこれからの方向性

在宅勤務を取り入れている立場ではありますが、私個人としては、現時点では対面でのコミュニケーションが最も効果的だと思っています。ですので、そこまで積極的に在宅勤務を推進しようとは考えていません。システム開発という仕事は、実は毎日たくさんのコミュニケーションが必要になるものなのです。しかし、コミュニケーション面で劣るからといって、在宅勤務という形態を無視するわけにはいきません。なぜなら、出勤が必須だと働くことが難しいけれど、在宅勤務だったら働くことが可能だという人がいるからです。そういう人には在宅であっても働いてもらえたほうがよいに決まっています。在宅勤務を無視することは、こういう人たちを企業として戦力にすることができないということです。そういうわけで、前述のスタッフには在宅で働いてもらっています。

ただし、仮に今後VRの技術が発展するなどして、在宅でありながら、隣の席に座っているのとほとんど同じレベルのコミュニケーションがとれるようになれば、全面在宅勤務も視野に入れるかもしれません。

教育できる会社は生存競争に勝ち残る

エンジニアであれば、スキルアップのための自主的な努力を怠るべきではありませんし、会社の教育制度に頼ってばかりの人ではエンジニアとして生き残っていくことは非常に厳しいと思います。そうは言っても、やはり会社が用意する教育制度もまた、非常に重要であることは間違いありません。特に、未経験の人を一人前のエンジニアに育て上げることのできる会社は、これからはますます強くなるのではないかと考えています。

エンジニアの数が足りていれば、わざわざ会社がそうした教育をしなくてもよいかもしれません。しかし、再三申し上げている通り、これからはエンジニアに限らずあらゆる分野で人手不足が顕著になっていく時代です。だから、未経験の人でも受け入れ、育てる必要が出てくるのです。そして、それができる会社は生存競争に勝ち残るでしょう。

一方、ＡＩによって不要になる仕事もこれから少しずつ増えてくることになると予想されます。その時に、不要となった職種の人たちは、他の職種への転換が必要になります。仮にこの人たちをエンジニアとして受け入れようと思ったら、当然ですが全員が未経験者です。彼らをエンジニアとして育てることができれば、かなり有利になるでしょう。

私が今、どうしたら実現できるかを考えているのが、高齢者をエンジニアとして育成することです。人手不足の時代と言いつつも、年配の方は職探しに苦労されることが多いようです。年配の、かつ未経験者の方を採用するには、さすがに勇気が要ります。ですが、高齢化社会において、年配の人材はどんどん増えていきます。もし高齢者をエンジニアとして受け入れて育成することができれば、かなり強みになるのではないかと考えているのです。

まだあくまで思案中のプランですので、本当に実現できるかわかりませんが、それくらいの姿勢で人材を確保していかないと厳しい時代になるのは間違いありません。まずは一人、高齢者を採用して育成のチャレンジをしてみたいと思い、50代以上の方から応募があれば、積極的に面接するようにしています。

アクシアの次の目標

アクシアにも、本当は今すぐにやりたいけれど、できずにいる施策もあります。仕事が早く終わった場合に、所定労働時間まで働かなくても早く帰れる制度を取り入れたいと思っているのです。なぜすぐに実行できないかというと、まだ有休消化率が100%ではないからです。

目指すは有休消化率100%

「消化できずに残っている有休があるのに早く帰れる制度というのはおかしいだろう」という突っ込みが出てくることが予想できますので、まずは有休消化率を100%にする予定です。現状70%くらいまでは達成しており、2017年度中に100%を達成させる予定です。そのために、社内システムとして「有休管理システム」を開発中です。

有休消化率が100%になれば、今よりもさらに自由で多様な働き方を選択できる会社にできるようになると思っています。たとえば、残業ゼロかつ有休も100%消化した状態で、

１日８時間週40時間を上限とした裁量労働制のような形も可能になります。つまり、残業は禁止だけど仕事が早く終わった場合には早く帰ってよい、というものです。常に生産性が高い状態をキープしないと破綻してしまうので、非常に難易度の高いチャレンジではありますが。

こうした考え方が唯一の正解だとは思っていませんが、個人的には多様な働き方を実現できる会社というのは、長時間残業と有休消化率の問題をクリアしたその先にあるものだと考えています。ただの人気取りのＰＲにならないように、本質的な問題を一つひとつクリアしながら多様な働き方を選択できる会社にしていきたいと思います。

もちろん、社内体制を整えるだけでなく、会社としての目標数値も達成していきます。

２０１６年度は前年比１３０％の売上、利益率は20％近い数字になる見込みです。この売上伸び率、利益率は、日本企業の中では高いほうではないでしょうか。来期も同様に、有休取得率１００％を実現させながら、二桁成長の達成を見込んでいきたいと思っています。

アクシアのビジョン

これまでは、会社には明確なビジョンが必要で、社員全員がそのビジョンを共有し、みんなが同じ価値観を持ち、同じ方向を向いて進むのが理想的な組織とされてきました。

私も起業当時はそのように考えていましたが、どこかで、それをはき違えてしまい、長時間労働が当たり前、技術者なら業務終了後でも勉強すべきと、ビジョンを就業時だけではなくプライベートにまで押しつけ、社員のプライベートの時間を当たり前のように仕事に提供させていました。ベンチャー企業の社員たるもの公私なく働くべきだ、という私の価値観を従業員に押し付け、ブラック企業化してしまったのです。

その後、残業ゼロを達成したことで、プライベートまで皆が同じビジョンを持つ必要は全くなく、そうした考え方はむしろ害である、ということに気付きました。

アクシアでは、勤務時間中は、社員全員が「人が育つ環境をつくる」「高い技術力を追求する」「人を中心に考える」の3つの企業理念の元、一丸となって邁進しています。しかし、それはあくまで業務時間内だけの話。**従業員のプライベートな時間の使い方に対しては、一切干渉しない**ようにしています。たとえば、会社の飲み会。開催はしますが、参加する、しないは個人の自由で、費用も全て会社持ちです。「え？ 来ないの？」という空気が生まれないようにしています。社員には、「余計な人間関係に悩まされずに仕事に集中できるのがいい」と言ってもらえます。

みんなが公私ともに同じ方向を向くことで組織が上手く機能した時代もあったかもしれません。しかし、今は昔に比べて、**ライフスタイルも家族構成も価値観も、多種多様**です。時代は大きく変化しているのですから、もはや、一つのやり方に絞ろうというほうが、無理があるのではないでしょうか。

そんな時代に、会社という組織がどのような形になっていくべきか、経営者として常に考え続けています。そして、いろいろな価値観に対応しやすい、ライフプランが選びやすい、そんな形が会社のあるべき姿だと思うようになり、実践に向けて現在進行形で動いています。

今こそ働き方を変えるとき

「残業ゼロ」で多様な価値観の時代に生き残れる会社になる

私が学生時代に就職活動していた頃は、長時間労働がもてはやされる時代でした。会社説明会に行って、「エンジニアに一番大切な能力は何ですか」と質問すると、「体力です」と回答する会社が多数ありました。面接の際には、多くの会社から長時間残業や徹夜作業ができるかどうかを聞かれました。

あれから15年ほど経ち、今では各社が自社のホワイトな部分をアピールするようになりました。以前と比べると、異常なまでの長時間残業は少なくなってきたのかもしれませんが、実態としてはまだまだ劣悪な労働環境の会社がたくさんあると思います。

アクシアが残業ゼロになったのは２０１２年10月からですが、当時は「残業の多いＩＴ業界の中で残業ゼロはすごいね」と言われることは多々あっても、今ほど注目されることはなかったように思います。流れが大きく変わったのは、やはり電通社員の過労自殺問題以降です。あれ以来、世の中の空気がガラっと変わりました。残業削減や働きやすい労働環境について、世の中がここまで盛り上がったことは、かつてなかったと思います。

あなたの会社でも、少し前なら、「残業をやめて早く帰りましょう」と言ったところで「何言っているんだ、働け！」と一蹴されていたかもしれませんが、今はそんなことも言っていられなくなってきました。世の中全体が働き方改革の方向に進み始めた今こそ、これまでの劣悪な労働環境を変えていくチャンスです。何かをやろうとした時に、世の中の流れというものは非常に大事です。今は残業削減して労働環境を改善していきやすいタイミングにあると思います。働き方を変えたい人にとって、今はチャンスの時なのです。

今変わらないと、時代に取り残されてしまうかもしれない

まだ、多くの会社が働き方改革に取り組み始めたばかりです。時流に乗って会社のＰＲや求職者への人気取りのために、形式的な制度の導入だけをしている会社も多いように思います。しかし、前述のように、どの会社も避けて通れない現実として、労働人口の減少による深刻な人手不足の問題があります。これからますます、この問題の深刻度は加速していくはずです。労働人口が不足する時代では、今までのようにフルタイム・残業バリバリが前提だと働けなかったような人たちにも、戦力になってもらえるように会社の仕組みを変えていかなければなりません。具体的には労働環境を改善し、フルタイム・残業バリバリ以外の多様な働き方を実現できる会社にしないと、労働力の確保が困難になってしまいます。

また、労働者が会社に望むものも、以前とはかなり違うトレンドとなってきました。残業が少ない・休日が多いことを重視する層が増えています。おそらく、この傾向は、今後ますます

強くなっていくでしょう。こんな時代ですから、労働環境を改善できない会社は、今後人材採用が難しくなっていきます。このままだと、**労働力不足で倒産**してしまうという時代になっていくのです。

幸いなことに、今は働き方改革のかけ声のもと、会社の労働環境を改善していく絶好のタイミングです。いま労働環境を根本的に改善しておけば、今後ますます人材不足の傾向が強まる時代にも、採用を有利に進めることができるはずです。逆に、今のまま何も変わらずにいると、気付いた時には手遅れになってしまっているかもしれません。

自分たちの会社には残業削減は無理だと思っていないか?

2012年に残業ゼロを実現してから、様々な方とお話しする中で言われてきたことがあります。それは、**「うちの会社には残業削減は無理」**ということです。あなたも同じことを思っていませんか?これまでも述べてきた通り、私自身にもアクシアには残業削減は無理だと思っていた時期がありました。でも、無理だと思っているうちは、本当に無理なのです。無理だと放り投げてしまう前に、どうすれば実現できるか真剣に考えて取り組むべきなのです。まずは最初から無理だと決めつけ思考停止するのをやめる、というところからスタートしませんか？　それに、残業まみれの会社には、実は必ず残業まみれになるだけの明確な理由があるはずです。残業まみれになってしまっている原因は自分たち自身にあります。

私が大学受験のために予備校に通っていた時の先生がよく言っていたことがあります。

「痩せたいな〜って言いながらあんパンを食べてるデブになるな」

痩せたいなら痩せるための行動をしろ、という、実に単純なことですね。あんパンなんか食べているからデブになるわけです。これは大学受験の文脈でおっしゃっていたことですが、残業の場合にも当てはまります。「残業なくしたいな〜」と言いながら、残業まみれになってしまうような行動を自ら取ってしまっていませんか？　自分たちには無理と言い訳する前に、自分たち自身で残業まみれになるようなことをしてしまっている、という事実を受け入れること、それが働き方改革の第一歩です。

自分たちの会社や業界は特殊だと思っていないか？

自分たちの会社や業界は特殊だから残業削減なんかできない、と思い込んでいる人もたくさんいると思います。私自身も以前、ＩＴ業界は特殊だから残業は仕方ないと思っていました。でも、よく考えてみると、本当に特殊な事情で残業削減ができない会社なんて、ほとんどないはずです。私自身も「ＩＴ業界が特殊」などという考えが、今になってみるとアホらしく思えます。ＩＴ業界なんて別に特殊でもなんでもありません。ＩＴ企業は世界中に存在していますし、日本にもＩＴ企業と呼ばれる会社は数え切れないほどあります。

誰しも自分たちの会社や業界は特殊だと思ってしまうかもしれませんが、外から見たら特殊でも何でもありません。きっと世の中の99％以上の会社は普通の一般的な会社でしょう。まずは、自分たちは特殊で特別だという思い上がりを捨てましょう。特殊だから無理だと思考停止しないで、ちゃんと考えましょう。どんな業界のどの会社でも、その気になれば、残業削減して労働環境を改善できる可能性があるのです。

残業ゼロの会社は特別なのか？

言い訳はやめよう、思考停止するのはやめようと言っても、「じゃあわかった。自分たちが特殊じゃなくて普通なのは認める。でも、残業ゼロを実現しているアクシアさんが特殊なんでしょ？」という人もいました。

確かに、今現在では、残業の多いＩＴ業界の中で残業ゼロを実現している会社は、特殊に見えるかもしれません。でも別に特殊でも何でもありません。アクシアだって他の多くの会社と同じ、普通の会社です。２０１２年９月まではアクシアも他のＩＴ企業と同様に残業まみれだったことが、その何よりの証拠です。残業ゼロを実現できたからといって、何も特別な企業ではないのです。

自分たちには無理だと諦めてしまうことも、自分たちの会社や業界は特殊だと思考停止してしまうことも、残業ゼロを実現できた会社が特殊なんだと逃げてしまうことも、要は全部ただの言い訳です。言い訳ばかりしていたら、何も変わらないのです。

もう社畜自慢をしている場合じゃない

自分の会社がいかにブラックであるかを自慢する人たちはたくさんいます。深夜まで残業していることを自慢げに話したり、休日出勤していることを面白おかしく話したりしている人が、あなたの周りにもいるはずです。その気持ちはわかります。私自身もずっとブラックな環境で育ってきましたから。「俺こんなに残業しちゃったよ！」と人に自慢したくなる気持ちは、とてもよくわかります。でも、そろそろ社畜自慢をするのはやめにしませんか？自虐ネタで人のうけを取っているだけでは、面白いかもしれないけど何も変わりません。

アクシアも、自分たちで行動することで変わることができました。社畜自慢だけして満足するような愚かなことはもうやめて、これからは少しずつ、自分から行動していきませんか？

どんな会社でも変わることはできる！

おそらく、今ブラック企業で働いている人は、自分の会社が変わるなんてことを想像できないと思います。アクシアも、残業ゼロになる前は社員からそう思われていたに違いありません。

それでも、アクシアは変わることができました。決して自慢できるような内容ではありませんが、２０１2年9月以前のアクシアでは、月の労働時間が３００時間を超えるようなことは当たり前のようにありました。これほどのブラックな環境の会社は、そうはなかったと思います。それでも残業ゼロを実現でき、今でもそれを継続できているわけですから、どんな会社でも変わることはできるのです。50時間程度の残業であれば、本気になればすぐにゼロにすることも不可能ではありません。

元からホワイトだった会社の経営者が言っても、説得力はないかもしれません。しかし、アクシアは超絶ブラック企業だったのです。そんな会社でも残業ゼロを実現できたということをぜひ希望としてください。今はどんなにブラックな環境でも、改善する道は必ずあります。

もうこれ以上言い訳は通用しません。世の中がこれほど働き方改革で盛り上がっている今が、大きなチャンスです。

今こそ、考え方を変え、働き方を改革する時です。

あとがき

きっと、米村社長は行く先々でかなりの確率でこう言われているのではないでしょうか。

「またまた〜!」

「そんなわけないでしょ!」

「とは言っても、実際、少しは発生しているんじゃないですか? 残業」

かく言う私もまた、完全残業ゼロのＩＴ企業の経営者の取材の話を頂いた時、「絶対ウソだ……少しはやってるはず!」と思ってしまいました。だって、アクシアはブラックで有名なＩＴ業界の会社。それなのに残業ゼロと言われても、どうしたってにわかには信じがたい。

ところが、実際に取材でアクシアに行ってみたところ、本当に徹底して完全残業ゼロだったのです!

18時になるや否や、社長や来客である私が残っているのに目もくれず、「お疲れ様でした～」と去っていく社員たち。そして18時1分には見事なまでに、オフィスはもぬけの殻になっていたのです。

ちなみに、始業にもシビアなのか、9時からのお約束で8時45分に行っても会社には誰もいませんでした……。

社員のみなさんにも取材をしたところ、「人生で一度も残業をしたことがないので、つらさがわからないんです」「一度でいいから残業というものを体験してみたい」などと、まるで「ここは日本ではないの？」と錯覚するような台詞が次々と出てきたのも印象的でした。残業ゼロを徹底された組織でないと、決して出てこない言葉ばかりなのです。

このように、米村社長とアクシアへの取材は目からウロコの連続でした。そして、自分がいかに「長期間労働ってやって当たり前じゃない？」という、日本人にかけられた呪いに縛られていたかということに気付いたのです。

実は、私もまた、人生において今まで一度も残業をしたことがありません。私はＩＴ業界よりもはるかに伝統的なブラック業界、テレビ業界で10年以上働いています。

社会人になるやいなや、いきなりアシスタントディレクターとして会社に何日も泊まり込むのが当たり前の生活に突入。「パンツを裏返しに穿《は》けば大丈夫！」などと言いながら、昼夜問わずに働いてきました。もちろん、「裁量労働制」なので、どれだけ徹夜で働こうが残業代は出ません。

でも、本当にそれは私にとってはごくごく普通。当たり前の日常だったので、疑問を抱くこともなかったのです。いや、正確には疑問や不満を抱くことはありました。しかし、「まあ、好きで働いているんだから仕方ないな」とどこかで諦めていたのです。

しかし、米村社長に取材をしていて気付きました。そういう働き方が「普通」だと思う時代はもう終わったのです。

アメリカの映画制作の現場などは、きっちり時間が管理されており、規定の時間を過ぎるとスタッフが帰ってしまったり、かなりのオーバーフィーが発生したりします。日本のスタッフはそれを見て「金がかかって仕方ない」「予算がないから無理」と言いますが、同じ業界でも、国が違えば、きっちりと休みを確保したり、賃金を確保したりできている例があるのです。日本の映像業界に当てはめられないわけがありません。

米村社長が何度も言う通り、これからの時代、さらなる人材不足時代に突入します。実際、映像制作の現場を志望する学生は、イリオモテヤマネコの如く減少しています。

誰もが映像を撮影し、編集し、配信できるこの時代。映像業界への憧れがほとんどなくなろうとしている今、売りが「芸能人に会えるよ」だけでは何とも立ち行かなくなる時代がすぐそこまで迫っていることを、この本の取材を通じてやっと私は実感することができました。

大切なのはまず一歩踏み出すこと。ということで、この本の原稿も執筆時間を綿密に計算し逆算。そして決して徹夜をすることなく、睡眠時間も十分確保した状態で書くことができたのでした。これは遅筆な私にとって、初めて小さな小さな残業ゼロ革命が起きた瞬間でもあったのです。

米村社長とアクシアに出会えたことで、私の中で確実に労働に対する考え方が変わりました。この貴重な機会をセッティングしてくださったランダーブルーの永江さん、由良さん、プチ・レトルの谷口さん、そして私の長すぎる取材にお付き合いくださいました米村社長に感謝申し上げます。

ライター　上原 梓

●著者略歴

米村 歩（よねむら・すすむ）

株式会社アクシア　代表取締役社長　１９７９年４月２５日埼玉県生まれ

青山学院大学卒業後、システム開発会社に入社。その後フリーランスの期間を経て株式会社アクシアを設立。他のＩＴ企業と同様に残業まみれの会社だったが、２０１２年に残業ゼロを断行し現在も継続中。２０１７年にはホワイト企業アワードの労働時間削減部門で大賞受賞。さらに働きやすい会社を目指して奮闘中。ツイッターアカウント　@yonemura2006

上原 梓（うえはら・あずさ）

フリーライター　１９７６年９月２５日東京都生まれ

日本女子大学卒業後、テレビ番組制作会社に入社。映像制作の世界に入る。「ひとつの職業に縛られない」をモットーに、テレビ番組プロデューサー、ライター、漫画のレビュアー、ナレーター、結婚式の司会などで邁進中。ツイッターアカウント　@Uechiline

完全残業ゼロの働き方改革

2017年10月1日初版第1刷発行

著者　米村 歩
　　　上原 梓

[制　作]
表紙・ブックデザイン　藤原 夕貴
図版制作　田中 清加
写真撮影　中居 中也（panproduct.）
編集・DTP　谷口 恵子
編集協力　玉村 優香
印刷・製本　株式会社ダイトー

[発行情報]
発行人　谷口 一真
発行所　プチ・レトル株式会社
115-0044 東京都北区赤羽南2-6-6
スカイブリッジビル地下1階
TEL:03-4291-3077　FAX:03-4496-4128
Mail:book@petite-lettre.com
http://petite-lettre.com

ISBN 978-4-907278-65-6